포스트모더니즘 원론

책과사람들

머리말 Foreword

포스트모더니즘이라는 거대한 사조가 오늘 우리의 예술·문학 분야는 물론이며 모든 인문·사회과학 뿐만 아니라 자연과학 분야에까지 그 영향력은 대단하다.

이에 관한 국내의 연구도 활발히 추진되고 있으나 이들은 대부분 특정 분야에 한정된 것이어서 이를 어원에서부터 체계적·종합적으로 요약 정리해 보려는 의도에서 본서를 기술하게 되었다.

탈고하고 나니 미비한 점, 잘못된 점이 한두 곳이 아니나 그대로 출간하기로 한 것은 이들을 추후 보완하면서 포스트모더니즘을 계속 연구해 보려는 것이다.

이 작은 책이 포스트모더니즘의 기본서로 널리 읽혀졌으면 하는 과욕을 가져 본다.

저자의 모교인 Pratt에서 저자에게 포스트모더니즘의 개념을 전수시켜주신 Rick Barry교수님, 명지대학교 대학원에서 저자에게 디자인의 기본 개념을 알려주신 민경우교수님과 바른 역사의식과 깊은 지혜를 주심으로써 역사의 진리를 깨닫게 해주신 정성화교수님, 정철웅교수님, 한명기교수님, 김차규교수님, 청주대학교 손영호교수님, 그리고 동국대학교 양홍석교수님께 경의를 표하는 바입니다.

또한 저자에게 항상 큰 나무가 되어주시고 본서의 방향을 제시해 주신 아버님과 어머님, 자주 찾아 뵙지는 못해도 언제나 사랑으로 대해주시는 장인, 장모님, 그리고 저자가 연구에 정진할 수 있도록 옆에서 궂은 일을 마다하지 않고 묵묵히 큰 힘이 되어 주고 있는 아내와 많은 시간을 함께하진 못해도 항상 애교와 웃음으로 저의 피로를 달래주는 아들 원준이와 딸 희재에게도 고맙다는 말을 전합니다.

끝으로 본서를 출간하는데 많은 도움을 주신 이동원사장님께 감사를 드리며 본고를 올해 칠순을 맞으신 아버님께 저자의 작은 선물로 바칩니다.

2005년 6월 16일
잠원동 서제에서
저자 씀

목차 Contents

제1장 서론　001

제2장 포스트모더니즘 용어의 기원과 의의　013
- 013　제1절 서설
- 014　제2절 포스트모더니즘 용어의 기원
- 022　제3절 포스트모더니즘 용어의 의의
- 028　제4절 결언

제3장 포스트모더니즘의 이론적 전개　031
- 제1절 서설　031
- 제2절 모더니즘과 포스트모더니즘의 관계론　033
- 제3절 모더니즘과 포스트모더니즘의 구별론　036
- 제4절 결언　050

제4장 포스트모더니즘의 역사적 형성배경　053.
- 053.　제1절 서설
- 055.　제2절 현실적 형성배경
- 110.　제3절 이론적 형성배경
- 126　제4절 결언

목차 Contents

제5장 포스트모더니즘의 특성　129
　제1절 서언　129
　제2절 자아의 해체성　132
　제3절 양식의 다원성　139
　제4절 문화의 대중성　144
　제5절 양식의 절충성　147
　제6절 결언　152

155　제6장 포스트모더니즘의 역사적 전개과정
155　제1절 서설
156　제2절 1960년대
163　제3절 1970년대
168　제4절 1980년대
178　제5절 1990년대
186　제6절 결언

제7장 결론　189
　제1절 포스트모더니즘에 대한 평가　189
　제2절 포스트모더니즘에 대한 대안　192

참고문헌　194
살펴보기　209

- IV -

그림 목차 List of Illustration

[그림 3-1]	리처드 해밀턴, 오늘의 가정을 그토록 색다르고 멋지게 만드는 것은 무엇인가?, 1956	78
[그림 3-2]	해밀톤, 인테리어, 1964	80
[그림 3-3]	존스, 표적 1955	82
[그림 3-4]	라우션버그, 캐년, 1959	83
[그림 3-5]	워홀, 마릴린 먼로, 1962	84
[그림 3-6]	리히텐슈타인, 꽝, 1963	86
[그림 3-7]	라우젠버그, 추적자, 1963	88
[그림 3-8]	라우젠버그, 자전거, 1960	89
[그림 3-9]	워홀, 캠벨스프깡통, 1965	90
[그림 3-10]	워홀, 오랜지 마를린, 1962년	91
[그림 3-11]	워홀, 코카콜라병, 1962	92
[그림 3-12]	리히텐스타인, 내 머리에서 떠나지 않는 그 멜로디... 1965	93
[그림 3-13]	리히텐스타인, 아폴로신전, 1964	94
[그림 3-14]	리히텐스타인, 바로크로 간다, 1979	94
[그림 3-15]	올덴버그, 미니 모형 드럼, 1969	96
[그림 3-16]	올덴버그, 모종삽, 1971-76	97
[그림 3-17]	뒤샹, 샘, 1917	101
[그림 3-18]	뒤샹, L.H.O.O.Q,	103
[그림 3-19]	토레스, 무제	104
[그림 3-20]	코수스, 하나 그리고 세의자, 1965	105
[그림 3-21]	코수스, 아이디어로서의 아이디어로서의 예술, 1967	106
[그림 3-22]	브루스 노우만, 100개의 삶과 죽음	108
[그림 6-1]	프루트 아이고" 주택단지가 폭파, 1972	157
[그림 6-2]	라우젠버그, 침대, 1955	159
[그림 6-3]	라우젠버그, 결합문자, 1959	160
[그림 6-4]	존스, 성조기, 1954	160

[그림 6-5] 벤츄리, 배나 벤츄리 하우스, 1962　164
[그림 6-6] 라이트, 솔로몬 구겐하임 미술관　169
[그림 6-7] 존스, 펜조일 플레이스, 1976　170
[그림 6-8] 존슨, AT&T 건물, 1984　171
[그림 6-9] AT&T 건물의 여신상　172
[그림 6-10] 알베르티, 산타 마리아 노벨라 교회, 1458　173
[그림 6-11] 스털링과 웰포드, 뉴스타츠 갤러리,　174
[그림 6-12] 그레이브스, 공공서비스빌딩, 1980　175
[그림 6-13] 콴, 정면에 있는 미키마우스, 1991　180
[그림 6-14] 해밀톤, 전쟁개임 1991-2　182
[그림 6-15] 키디, FUSE, 1992　183
[그림 6-16] 마부리, 한색 두색, 1992　184

제1장

서론

    인간은 사회적 동물이므로 인간의 사고와 행동은 사회사조를 벗어날 수 없다. 오늘날 우리 사회에는 포스트모더니즘(postmodernism)이라는 거대한 사회사조가 예술·문학 분야 뿐만 아니라 모든 인문과학, 사회과학, 그리고 자연과학 분야까지 지배하고 있다. 그러므로 오늘을 살다가는 우리들 인간은 포스트모더니즘의 흐름을 거역할 수 없으며 만일 포스트모더니즘의 사고를 도외시한 인간의 사고와 행동은 사회로부터 거역을 당할 수밖에 없다.
    1960년대부터 영미와 서구에서 제기된 포스트모더니즘의 거센 파도는 우리나라에도 그 파장이 미치고 있다. 그러므로 우리들은 포스트모더니즘의 정체를 이해함이 없이 어떠한 사고와 행동을 할 수 없는 것이 현실이다.

그러나 포스트모더니즘의 내면의 정체를 이해하는 것은 그리 쉬운 일이 아니다. 우선 외국에서의 연구 동향을 살펴보고 다음으로 우리나라의 이에 대한 연구 추세를 개관해 보기로 한다.

포스트모더니즘에 대한 국외학자의 개념이 다양하기 때문에 포스트모더니즘의 특성도 논자에 따라 다를 수 밖에 없는 것이다. 국외학자의 포스트모더니즘의 특성에 관한 연구 동향을 요약해 보면 다음과 같다.

포스트모더니즘의 이론적 지주로 알려진 문학 비평가 핫산(Ihab Hassan)은 그의 논문 "문화, 불확정성, 그리고 내재성 : (포스트모던)시대의 한계"에서 포스트모더니즘의 특성을 (i)인간의 탈중심화, (ii)새로운 것의 활력, (iii)해석학, (iv)이성의 탈신격화, (v)통일성의 거부, (vi)주체의 공허성, (vii)사실과 허구의 균형, (viii)언어의 한계성, (ix)허구로서의 사고, (x)기원의 부정, (xi)가치의 에네르기학, (xii)우연적 예술과 형이상학적 유희, 그리고 (xiii)시작과 종말의 붕괴로 열거했다. 그는 이 13개의 특성을 일일이 구체적으로 설명하지 아니하고 추상적이고 관렴적인 어휘로 표현했을 뿐이며, 1986년에 발행한 그의 저서 「포스트 모던한 전망 속의 다원주의」에서 포스트모더니즘의 특성을 다음과 같이 11가지로 정리했다. (i)불확실성, (ii)단편화, (iii)탈 경전화, (iv)주체의 상실, (v)재현 불가능성, (vi)아이러니 또는 관점주의, (vii)혼성모방, (viii)카니발화, (ix)행위와 (x)구조주의, (xi) 보편내재성으로 열거하였다.

제임슨(Frederic Jameson)은 "포스트모더니즘 또는 후기 자본주의 문화적 논리"라는 논문에서 포스트모더니즘의 특성을 (i)미학적 대중주의, (ii)문화와 생산물의 경박성, (iii)역사성의 빈곤, (iv)의미의 해체, (v)행복감의 만연, (vi)비판을 위한 꺼리의 소멸, 그리고 (vii)재현 이데올로기의 약화로 열거했다. 그 또한 이 7개의 특성에 관해 일일이 구체적인 해설을 하지 아니하고 추상적이고 관렴적인 용어를 사용하여 포스트모더니즘의 특성을 열거하였다.

그러나 이 7개의 특성 중 (i)미학적 대중주의는 대중적 산업사회를 주도하는 지극히 서민적인 정보매체인 신문・라디오・TV・영화・광고・만화 등의 대중매체를 통해 권위적이고 엘리트적인 미학을 거부하는 다수의 서민중심의 문화를 추구하는 주의를 의미하는 것으로 볼 수 있으며, (ii)문화와 생산물의 경박성은 상술한 미학적 대중주의의 귀결인 문화의 수준의 저급화를 표현한 것으로 이해되고 (iii)역사성의 빈곤은 새로운 양식을 창조하기 위해 창작 이념이나 정체성을 다른 유파나 작품에서 특징적인 요소나 양식을 차용하는 절충주의의 특성을 표현한 것으로 해석된다. 또한 (iv)의미의 해체(deconstruction)는 개인의 사고의 주체성, 인식의 주체성, 그리고 판단의 주체성을 배제하여 자아의 의미 인식의 주체성을 부정하는 자아의 해체성을 뜻하는 것으로 이해된다. (v)행복의 만연과 (vi)비판을 위한 꺼리의 소멸은 상술한 미학적 대중주의의 과정내지 결과의 특성을 표현한 것으로 볼 수 있다. 그리고 (vii)재현 이데올로기의 약화는 상술한 역사성의 빈곤에 따른 절충주의의 결과로 나타나는 특성을 의미하는 것으로 해석해 볼 수 있다.

또한 크라이머(Hilton Kramer)는 그의 논문 "포스트모던 : 1980년대에 있어서 예술과 문화"에서 포스트모더니즘의 특성으로 (i)고습성의 상실, (ii)상상력의 분해, (iii)기준과 가치의 소멸, 그리고 (iv)허무주의의 승리를 열거했으며 그가 열거한 4개의 특성 중 (i)고습성의 상실은 대중주의의 결과에 따라 미학적 문화수준이 저급화되는 특성을 의미하며, (ii)상상력의 분해는 개인의 사고의 주체성, 인식의 주체성, 그리고 판단의 주체성을 부정하는 자아의 해체성의 결과로 도래되는 특성을 뜻한다. (iii)기준과 가치의 소멸은 새로운 양식을 창조하기 위해 다른 유파나 작품에서 특징적 요소나 양식을 차용하는 절충주의적 귀결로 정통적 가치기준이 소멸되는 특성을 의미하며, 그리고 (iv)허무주의의 승리는 기성의 사회질서와 이데올로기를 부정하며 어떠한 실재나 권위도 인정하지 아니하고 초월적인 최고의 가치를 거부하는 것으로 이는 양식의 절충주의의 특성을 표현한 것이다.

또한 베쓰(Gene Edward Veith)는 그의 저서「포스트모던 시대」(*Postmodern Times*)에서 포스트모더니즘의 특성을 (i)초허구, (ii)미술적 현실주의, (iii)대중성의 시작, (iv)신저너리즘, 그리고 (v)초현실주의를 열거하였으며 그가 열거한 5가지의 특성 중 (i)초허구는 허구에 의해 현실을 파헤치거나 상상력의 세계를 전개하는 것을 부정하고 기록적 방법에 의한 예술적 문화적 표현을 전개하는 것을 말하며, (ii)미술적 현실주의는 미술적 현실생활에 적응하기 위하여 쾌감을 추구하는 본능적 욕구를 실현하는 특성을 의미한다. (iii)대중성의 시작은 대중적 산업사회를 주도하는 대중매체를 통해 권위적 예술·문화를 거부하는 서민적 예술·문화의 특징을 뜻하며, (iv)신저너리즘은 대중매체에 의한 의사전달의 수단과 방법을 총칭하는 것으로 이는 상술한 미학적 대중주의의 특성, 즉 권위적이고 엘리트적 미학을 거부하는 특성을 의미한다. 그리고 (iv)초현실주의는 기성 미학과 도덕에 관계 없이 표현의 혁신을 시도하는 예술·문학의 운동을 의미하는 것으로 이는 상술한 "절충주의"의 특성을 표현한 것이다.

1980년대 중엽 리얼리즘 문학 이론에 남다른 관심을 보여온 백낙청 교수에 의해 국내에서 포스트모더니즘이 처음으로 소개되기 시작했다.

부정적인 면에서 포스트모더니즘을 논평한 백교수는 포스트모더니즘을 모더니즘이 극단적으로 발전된 형태로 파악했으며 그후 논문과 저서를 통하여 김성곤 교수가, 그리고 이합핫산의 이론을 번역하여 소개한 정정호 교수에 의해 포스트모더니즘은 보다 본격적으로 소개되기 시작했다.

곧 뒤를 이어 핫산·리오타르의 이론과 이에 대한 제임슨·이글턴 등의 비판이 소개되면서 80년대 후반부터 논의가 본격화되어 포스트모더니즘에 관한 김욱동 교수를 포함한 김성기, 강내희, 허창운, 윤평중, 도정일, 권택영, 김상환교수 등과 같은 외국문학 전공 교수들이 포스트모더니즘 문제에 깊은 관심을 보이고 있다.

도정일교수는 "진리를 재현하는 것이 불가능하므로 진리의 객관성을 포기해야 한다"는 포스트모더니즘은 설득력이 없다고 주장하면서 "포스트모더니스트인 보드리야르, 료타르 등의 사상은 표피주의, 몰이성주의에 근거하고 있다"며 "사회사상으로서의 포스트모더니즘은 죽었다"고 단언했고, 권택영교수는 "80년대말 포스트모더니즘을 둘러싼 논쟁에서 이론적으론 비판론자들이 이겼다"고 승복했다. 그러나 그는 "우리나라가 산업화 측면에선 서구와 경쟁할 정도로 성장했지만 포스트모더니즘에 편승한 바람직하지 않은 소비문화가 범람하면서 이 이론이 오해를 받았다"고 설명하였으며 그에 따르면 포스트모더니즘은 저항성과 비판성을 지니고 있으며 내부비판을 통해 수정을 거듭하고 있다는 것이다.

또한 김상환교수에 의하면 "우리 현실이 따라가지 못하는 상황에서 이론이 수용됐지만 이제는 미래를 계획하는 데 거부할 수 없는 이론이 됐다"고 강조하면서 지금의 우리 현실이 탈근대적인 측면을 보이고 있다는 것이다. 그는 "서구학자들은 포스트모더니즘을 통해 2000년 이상된 서양사상사를 반성하는 과정에서 이데올로기의 숨겨진 편견을 들춰내는 데 성공했다"며 "우리도 이론적 작업을 서둘러야 한다"고 주장했다.

이러한 국내의 혼란 속에서의 포스트모더니즘 논의의 문제점들에 대한 논자들의 지적은 계속되었으며 포스트모더니즘을 국내에서 파악하는 방식은 크게 네 가지로 분류할 수 있으며 첫째로, 포스트모더니즘을 모더니즘의 연장선상에서 파악하는 것, 둘째로, 탈근대문화로 파악하는 것, 셋째로 자본주의의 문화적 논리로 파악하는 것 그리고 끝으로 하버마스(Habermas, J.)의 논의가 있다. 그 내용을 요약하면 다음과 같다.

첫째로, 포스트모더니즘을 모더니즘의 연장선상에서 파악하는 것으로 대표적으로 김욱동을 들 수 있다. 그는 모더니즘과의 연관성, 그리고 범주화와 유형화를 중시하면서 포스트모더니즘을 파악하였다. 김욱동은 그의 저서 「포스트모더니즘의 개념과 본질」에서 포스트모더니즘과 모더니즘과의 관계 속에서 포스트모더니즘을 파악하는데, 모더니즘의 논리적 발전을 포스트모더니즘을 계승함과 동시에 모더니즘에 대한 의식적 단절이며 비판적 반작용이라 평가했으며, 포스트모더니즘의 개념과 본질의 문제는 범주화와 유형화의 문제라고 하였다. 그러나 포스트모더니즘은 양적·상대적인 개념이라기 보다는 질적·절대적인 개념인 것이다. 그러므로 둘중 한가지를 선택하는 선택적 관점보다는 모두를 선택하는 포용적 관점에서 포스트모더니즘은 파악되어야한다는 즉 김욱동은 포스트모더니즘의 개념을 포스트모더니즘과 모더니즘과의 관계인 연속과 단절의 중심 선상에서 생각했다. 또한 김욱동은 개념정립을 위해 위에서 언급한 핫산이 제시한 포스트모더니즘의 특징 11가지를 참고로 했다.

둘째로, 김성기, 김성곤, 정정호, 한상진 등이 파악한 탈근대문화를 들 수 있다.
김성기는 1991년 「좌담」에서, 먼저 모던과 포스트모던 양쪽에 하위영역을 두고 즉 모던의 경우 모더니티, 현대화, 모더니즘을 포스트모던에서도 마찬가지로 하위영역을 설정하여 시대구분에 있어서 큰 축으로 설정한다는 것이며, 이럴 경우 모던은 17세기 중엽에서 부르주아 민주주의에 이르게 되었고, 포스트모던의 맥락은 그것과는 다른 사회역사성을 갖는다는 것이다. 이를 자세히 살펴보면 다음과 같다.

모더니티의 이념의 기초는 이성과 해방의 지평을 연다는 '새로운 시대'였으나 그 역사적 실효성을 잃음으로써 포스트모더니즘은 보편주의적 인식론의 해체를 통해 '모더니티'의 위기를 벗어나려는 이론적 기획인 것이다.

포스트모더니즘의 인식론적 지향점은 단선적이고 통일적인 인식체계의 거부를 뜻하는 반정초주의로 집약할 수 있다.

즉 포스토모더니즘의 인식론적 구조를 형성한 것은 의미의 구성과정이라는 점에서 자의적인 것에 지나지 않는다는 뜻으로 어떤 본질의 설정 없이 열려진 텍스트 속에서 이루어진다'는 "재현"이라는 것이며, 사회문화적 측면에서의 포스트모더니즘의 분석은 포스트모더니즘의 일정한 시공간에 제약되는 사회세계는 사회적 리얼리티의 내용이 그 제약으로부터 자유로운 기호적인 것인 "시공간의 축소"를[1] 수반하므로 사회적 경험의 내용도 상당히 달라진다는 것으로 정보양식, 시공간의 유연성, 새로운 리얼리티를 축으로 이루어진다.

또한 김성기는 1993년 문학박사 학위논문 「포스트모더니즘의 사회이론에 관한 연구」에서 포스트모더니즘의 실천적 전략은 "새로운 정치"의 기획이라고 다음과 같이 언급했다.

"포스트모더니즘의 정치논리는 미시정치, 급진민주주의, '새로운 사회운동' 등의 흐름과 밀접한 관련을 맺고 있는데, 이러한 정치전략의 잠재력은 '최소정치를 통한 최대저항의 추구'이다. 이는 무정부주의와는 그 궤를 달리하며, 한편으로는 절대적인 국가권력에 의존하는 경향을 막는다는 의미에서 최소정치이며, 다른 한편으론 갈등의 중재와 억압에 대한 부단한 반성을 추구한다는 의미에서 최대저항인 것이다."

셋째로 자본주의의 문화적 논리로 파악하는 입장이 있는데, 여기에는 강내희, 백낙청, 도정일이 대표적이다.
강내희는 1991년 「월간사회평론」에 실린 그의 논문 "포스

---

[1] 포스트모더니즘의 '시공간의 축소'는 그간 철학이나 사회이론의 흐름에서 내재해온, 외양/리얼리티, 재현/대상물, 사유/사물 등과 같은 이항대립의 '내파'를 의미한다. 김성기(1993)의 논문 pp. 118-123 참조.

트모더니즘 비판--독점자본주의 문화논리 비판 시론"에서 프레드릭 제임슨의 포스트모더니즘과 독점자본주의와의 상관관계를 설명하려하였다. 제임슨에 따르면 포스트모더니즘은 독점자본의 발전이 어느 특정한 시점에 이르렀을때, 다시 말해 자본의 증식운동이 가장 효과적인 단계에 도달한 다국적 자본주의시대, 즉 후기자본주의(Late Capitalism)시대[2]에 나타나는 문화방식이다라고 하였다. 즉 강내희는 '후기자본주의 문화논리로서의 포스트모더니즘론'을 수용하여 포스트모더니즘을 '독점자본주의문화론'이라는 관점에서 비판한 것이다.

또한 강내희에 의하면 제임슨은 포스트모더니즘의 특징을 미학적 대중주의, 문화 생산물의 '깊이 없음', 역사성의 빈곤, 의미의 해체, '행복감'의 만연, 비판적 거리의 말소, 반영 혹은 재현 이데올로기의 약화 등 7가지로 정리했으며 강내희는 여기서 한걸음 더 나아가 1990년 「사회와사상」에 기고한 논문「포스트모더니즘과 대중문화이론」에서 한국의 경우 '비동시적인 것의 동시성'(한 예로 경동시장이나 모래내시장 등 재래시장의 기능)을 가능케 하는 질서를 찾고자 한다. 이러한 공존은 상호보완적인 관계를 지님으로써 가능하다.

그는 결론적으로 오늘날 포스트모더니즘은 고유한 문화의 장이 아니라 자본주의 발전과정에서 문화가 그 모순적 모습을 드러낸 양태로 보았다. 바로 이런 점 때문에 포스트모더니즘은 역사적 필연성을 지니고 있는 것이며, 포스트모더니

---

[2] 제임슨은 멘델(Mandel, E.)의 자본주의 단계구분을 따르는데, 후기자본주의 단계란 시장자본주의, 독점 혹은 제국주의 단계 이후에 등장하는 다국적 자본주의를 일컫는 것이다.

즘이라는 문화현상을 설명할 때는 반드시 사회구성체이론을 도입해야할 필요가 있다는 것이다. 따라서 우리에게 있어 포스트모더니즘은 신식민지국가독점자본주의의 문화논리인 것이다라고 하였다.

즉 강내희는 포스트모더니즘을 자동생산하는 포스트모더니즘의 시각에서 이루어졌다고 평가하면서 현재까지 국내에서 있었던 포스트모더니즘에 관한 논의와 거리를 두려고 했으며, 포스트모더니즘은 오늘날 문화구조나 문화생산의 근본원리라기 보다는 문제상황의 하나라고 생각하면서 포스트모더니즘을 자본주의의 문화적 논리로 파악하는 입장을 설명했다.

끝으로 허창운, 서규환 등의 입장인 하버마스(Habermas, J.)의 논의가 있다.

허창운은 1991년 「세계의 문학」에 기고한 그의 논문 "포스트모더니즘에 대한 제3의 시각"에서 포스트모더니즘의 이름으로 그 종말이 선언되는 근대는 어떤 근대를 두고 하는 말이며, 포스트모더니즘의 어떤 혁신들이 지난날의 근대 안에는 존재하지 않았고, 또 현재도 존재하지 않는가 하는 의문을 제기하면서 '미래주의적 항거'를 지향한다고 주장했다. 즉 포스트모더니즘은 역사로부터 등을 돌려서 현재 내지 미래를 향한 하나의 특수한 시작으로써 근대적 언어 실험을 일종의 의미나 양식의 무정부주의로 대체한다는 것이다라고 논했다.

또한 윤평중은 1990년 그의 저서 푸코와 하버마스를 넘어서에서 포스트모더니즘은 형이상학을 청산하는 데 자축의 에너지를 완전히 고갈시켜, 소통하는 '우리'를 만들지 못한다. 동의 자체가 합의를 강요하는 형이상학적 진리와 구별되지 않은 채 해체의 대상이 되고 있고, 불일치가 난무한다. 포스트모더니즘은 우리가 상호 소통하여 합의(동의)를 하는 것은 바로 우리가 서로 다른 개별성들이기 때문이라는 사실을 망각한다는 것이다라고 하면서 이러한 논의들은 "신보수주의자들은 현대 과학의 발달이 그 자신의 영역을 넘어서 오직 기술상의 진보 및 자본주의의 성장과 합리적 경영을 진전시켜나가는 한도 안에서만 과학의 발달을 환영"하며, "문화적 모더니티의 폭발적 내용을 제거하는 정책을 권유"하고 있다는 하버마스의 포스트모더니즘 분석과 그 궤를 같이하고 있다.

1990년 하버마스(Habermas, J.)의 「모더니티와 포스트모더니티」에 의하면 포스트모더니즘이 해체의 대상으로 삼는 모더니티의 문제들은 도구적 합리성에 의해 침윤된 '생활세계의 식민화'에 대한 일면적인 파악에 근거한다. 포스트모더니즘은 서구사회의 합리화 과정에서의 "선택성"을 간과했다. 바꾸어 말해 우리는 도구적 합리성과 의사소통적 합리성을 상호보완적으로 보아야 한다는 것이다.

이러한 논의는 김욱동 등의 논의와 포스트모더니티가 모더니티의 계승(미완의 계획)이라는 측면에서는 비슷하지만 포스트모더니즘에 대해서는 신보수주의라는 혐의를 두고 있다는 면에서 판이하게 다르다.

1980년대 후반의 도입기의 국내의 상황은 김성곤, 정정호, 김욱동, 권택영 등의 논의가 주를 이루고 있으며, 사회과학적 논의는 1990년에 가서야 처음 시작되었고 이 연구의 범위는 문학예술 분야뿐 아니라, 철학, 사회이론으로까지 확장되었다. 하지만 아직까지도 포스트모더니즘의 특성에 관한 연구는 사회 전반에 걸쳐 광범위하게 유포되어 있는 "포스트모던 현상"을 능가하지 못한 채 혼란 속에서의 모색의 과정에 있다고 평가할 수 있다.

그러므로 포스트모더니즘의 본질적 특성에 관한 연구의 필요성이 절실히 요구되고 있다.

본 서는 제1장 서론에 이어 제2장 포스트모더니즘 용어의 기원과 의의, 제3장 포스트모더니즘의 이론적 전개, 제4장 포스트모더니즘의 역사적 형성배경, 제5장 포스트모더니즘의 특성, 제6장 포스트모더니즘의 역사적 전개과정 그리고 제7장 결론으로 구성하기로 한다.

제1장

포스트모더니즘 용어의 기원과 의의

제1절 서설

"포스트모던"(postmodern) 또는 "포스트모더니즘"(postmodernism)이란 용어가 광고 문안에서부터 학문적 문헌에 이르기까지 널리 사용되고 있다. 미술·음악·연극 등의 예술분야에서는 물론이고 문학·철학분야에서 이 용어가 사용되고 있으며, 최근에는 자연과학·사회과학분야에서 까지 널리 사용되고 있다. 그러나 현 단계에서 이들 모든 분야에서는 물론이며 어느 특징 분야에서도 "포스트모던" 또는 "포스트모더니즘"이란 용어의 정확한 정의를 내리는 것은 어려운 과제로 남아 있다. 그것은 각 분야마다 사회적 환경의 변화가 주는 영향의 가치와 내용이 다를 뿐만 아니라 사회 구성원이 이를 수용하는 태도와 의식도 각각 다르기 때문이다. 더 나아가 1960년대 이후 매 10년대 마다 사회적 사조가 변화를 거듭하고 있을 뿐만 아니라 국가마다 그의 풍토에 따른 발생과 개념이 각각 다르기 때문이다. 이와 같이 "포스트모던" 또는 "포스트모더니즘"의 개념을 정의하는 것도, 어려우므로 미국의 문화비평가 포스터(Hal Foster)는 그의 저서 「반미학」(*The Anti-Aesthetic*, 1983)의 서문에서 "포스트모더니즘은 과연 존재하는가?"라는 의문을 제시했다.

이와 같이 "포스트모던"과 "포스트모더니즘"의 개념이 각 분야에서 일관성 없이 사용되고 이에 관해 합의된 어떤 일치점도 찾지 못하고 있다. 그러므로 이의 연구를 위해서는 특히 "포스트모더니즘"과 "모더니즘"의 관계를 정확히 파악하기 위해 그에 앞서 "포스트모더니즘"이란 용어의 기원과 그의 어의를 살펴 볼 필요가 있다.

이하 "포스트모더니즘 용어의 기원"과 "포스트모더니즘 용어의 어의"를 구분하여 기술하기로 한다.

제2절 포스트모더니즘 용어의 기원

어떤 학술용어도 그의 의미를 명확히 이해하기 위해서는 그 용어의 기원부터 고찰해 볼 필요가 있는 것과 마찬가지로 "포스트모더니즘"이라는 용어의 의미를 명확히 이해하기 위해서는, "포스트모더니즘"의 어원을 살펴 볼 필요가 있다. 그러므로 "포스트모더니즘"이라는 용어를 그것이 최초로 사용되게된 시기로 소급하여 역사적·연혁적으로 그 어원을 고찰해 보기로 한다.

"포스트모더니즘"이란 용어는 "모더니즘"(modernism)이, 어떤 역사적 시점에서 "포스트모더니즘"으로 전환되어 "포스트모더니즘"의 시대가 도래·전개된 이후에서부터 사용된 것이 아니라 "포스트모더니즘"의 시대가 도래·전개되기 이전에서부터 사용되어 왔다는 것이 일반적인 다른 용어의 어원과 다르다. 예컨대, 일반적으로 "포스트 시대"(post ages)는 1960년대부터 도래·전개된 것으로 설명되고 있으나,[1] 역사학자인 토인비(Arnold Joseph Toynbee)는 「포스트모던 시대」(*The Postmodern Ages*)가 1875년에서부터 도래·전개된 것[2]이라고 1960년대 이전에 이미 설명하고 있다. 그리고 "포스트모던" 또는 "포스트모더니즘" 이란 용어가

---

[1] Charles Jencks, *Post-Modernism : The New Classicism in Art and Architecture* (New York : Rizzoli, 1987), pp. 14-15 ; Caroline A. Jomes, "Postmodernism," in Jane Turner (ed), *The Dictionary of Art*, Vol. 25 (New york : Mzcmillaa, 1996), p. 358 ; Jonathan M. Woodham, *Twentieth -Century Design : Oxford History of Art* (Oxford : Oxford University Press, 1997), pp. 198-201 ; Gene Edward Veith, *Postmodern Times* (Wheaton, : Crossway Books, 1994), p. 40 ; Paul Powther, "Postmodernism," in Martin Kemp (ed.) *The Oxford History of Western Art* (Oxford University Press, 2000), p. 494 ; Gen Doy, *Materializing Art History* (Oxford : Berg, 1998), p. 242 ; Michael Wood, Bruce Cole, and Adelheid Gealt, *Art of the Western World Gealt, Art of the Western World* (New York : Summit Books, 1989), p. 323.

[2] D.C. Somervell (ed.), *A Study of History* (New York : Oxford University Press, 1947), p. 39.

최초로 사용된 시기가 언제이냐에 관해서도 후술하는 바와 같이 견해가 구구하다.

I. 채프만(John Warkins Chapman)

베스트(Steven Best)와 케르너(Douglas Kellner)는 그들이 1991년에 공저한 「포스트모던 이론」(*Postmodern*)에서 1870년경에 영국의 화가 채프만은 프랑스의 인상파 회화 (France impressionist painting) 보다 더욱 현대적이고 전위적인(more modern and avant-garde) 회화를 지칭하여 "포스트모던 회화"(postmodern painting)라고 했다고 하며, 그것이 "포스트모던"이라는 용어의 최초의 사용이라고 한다.3)

이와 같이 베스트와 케르너는 1870년경에 채프만이 "포스트모던회화"라는 용어를 사용한 것이 "포스트모더니즘"이란 용어의 최초의 어원이라고 설명하고 있다.

II. 펜위쯔(Rudolf Pannwitz)

베스트와 케르너는 상술한 그들의 저서인 「포스트모던 이론」에서 펜위쯔가 현대 유럽의 문화에 있어서 허무주의와 가치의 붕괴를 기술하는 1917년의 그의 저서 「유럽문화의 위기」(*Die Krisis der europaischen Kultur*)에서 군국주의자, 민주주의자, 그리고 엘리트의 가치를 구체화하는 새로

---

3) Steven Best and Douglas Kellner, *Postmodern Theory : Critical Interrogations* (New York : The Guilford Press, 1991), p. 5.

운 "포스트모던 맨"(Postmodern Men)의 개발을 제의한 바 있다고 기술하면서, 그것을 채프만의 "포스트모던 회화"의 다음에 "포스트모던"이란 용어가 사용된 예로 설명하고 있다.4)

이와 같이 베스트와 케르너는 1917년에 펜위쯔에 의해 "포스트모던 맨"이란 용어가 사용되어 있다고 기술하고 있다.

III. 오니스(De Onis)

한편 핫산(Ihab Hassan)은 그가 1980년에 발표한바 있는 논문 "포스트모더니즘의 문제"(The Question of Postmodernism)에서 스페인 비평가 오니스가 1934년에 「스페인과 라틴아메리카 시선집」(1882-1932)] (*Antología de la poesía espanol e hispanoamerican*)을 편집하면서 이 책의 서문에서 "포스트모더니스모"(postmodernismo)라는 용어를 사용한 바 있다고 설명하면서, 이것이 "포스트모더니즘"이란 용어가 처음으로 사용된 것이라고 기술하고 있다.5)

이와 같이 핫산은 "포스트모더니즘"의 어원은 오니스의 "포스트모더니스모"에서 유래되게 된 것이며, 그것이 "포스트모더니즘"이란 용어가 처음으로 사용된 경우라고 기술하고 있다.

---

4) *Ibid.*, p. 6.

5) Ihab Hassan, "The Question of Postmodernism," in Henry R. Garuin (ed.), *Romanticism, Modernism, Postmdernism* (Lewisberg : Bucknell University Press. 1980), p. 117; Jencks, *op. cit, supra* n. l. p. 13.

IV. 핕츠(Dudley Fitts)

핫산의 상술한 논문 "포스트모더니즘의 문제"에서 상술한 Onis와 마찬가지로 핕츠도 그가 1942년에 편집한 「현대 라틴아메리카 시선집」 (*Anthology of Contemporary Latin-American Poetry*)을 저술하면서, 이 시선집에서 핕츠는 "포스트모던"(Postmodern)이란 용어를 사용한 바 있다고 기술하고 있다.6)

이와 같이 핫산에 의하면 오니스의 "포스트모더니스모"에 뒤를 이어 핕츠는 "포스트모던"이란 용어를 사용한 바 있다고 한다.

V. 토인비(Arnold Joseph Toynbee)

제2차 대전 이후 영국의 역사학자 토인비의 저서 「역사의 연구」 (*A Study of History*)를 썸머빌(D. C. Somervell)이 1946년에 한 권으로 요약출간 했다.7) 토인비는 그의 「역사의연구」 제8권과 제9권에서 "포스트모던"(Postmodern Age)이라는 개념을 제시하여 "포스트모던시대"라는 용어를 채택했다.8)

썸머빌과 토인비는 서양사의 시대구분을 다음과 같이 4개

---

6) Hassan, *op. cit.*, *supra* n. 5, p. 117; Jencks, *op. cit.*, *supra* n. 1, p. 13.

7) Best and Kellner, *op. cit.*, *supra* n. 3, p. 6.

8) Arnold J. Toynbee, *A Study of History*, Vol. 8, (Londen : Oxford University Press, 1954), p. 338 ; Vol. 9 (New York : Londen University Press, 1954), pp. 284-85.

의 시대로 구획했다.

    (i) 암흑시대(The Dark Ages) : 675-1075
    (ii) 중세시대(The Middle Ages) ; 1075-1475
    (iii) 현대시대(The Modern Ages) : 1475-1875
    (iv) 포스트모던시대(The Post-Modern Ages):1875- 9)

썸머빌과 토인비에 의하면 1875년 이후에 서구문명의 퇴조, 중산층 부르조아의 몰락, 그리고 합리적 세계관의 기반 상실을 근거로 하는 "서구와 대서양권의 지배"로 특징지어지는 "모던의 시대"가 "동양과 태평양권의 부상"에 의해 새로운 "포스트모던시대"로 이해되어 가고 있다고 하면서, 이 시대는 합리주의의 붕괴(The Collapse of Rationalism)와 계몽의 사조(The Ethos of the Enlightenment)에 의해 표시되는 "고민의 시대"(Time of Troubles)라고 했다.10) 그러나 토인비는 「역사의 연구」에서 새로운 포스트모던 시대와 그의 보편적 역사철학(Universalistic Philosophy of History)의 체계적인 이론을 개발하지는 않았다.11)

  요컨대, 토인비는 그의 「역사적 연구」에서 1875년 이후를 "모던 시대"와 구분하여 "포스트모던 시대"로 시대구분을 했으며, 여기서 그는 "포스트모던 시대"라는 용어를 사용한 바 있다.

---

9) Somervell, *op. cit., supra* n. 2, p. 39 ; Best and Kellner, *op. cit., supra* n. 3, p. 6.

10) *Ibid.*

11) *Ibid.*

Ⅵ. 로젠버그(Bernard Rosenberg)

 미국의 문화 역사가 로젠버그는 1957년 저서「대중문화」(*Mass Culture*)에서 "포스트모던"이란 용어를 사용했다. 그는 사회와 문화에 기본적인 변화가 도래되었다고 주장하면서 대중사회(Mass Society)에 있어서 새로운 생활의 조건(The New Conditions of Life)을 기술하기 위해서 "포스트모던"이란 용어를 사용하였다. 그는 "포스트모던 맨과 자신은 전문화 과정에 있어서(in the whole cultural process) 서로 교환 가능한 기능(interchangeable part)을 담당하게 되었다"고 하면서, 반면에 "포스트모던 세계(postmodern world)는 사람에게 모든 것을 제공하거나 또는 아무 것도 제공하지 아니 한다"라고 하여 포스트모던 세계의 애매성을 지적했다.[12]

 요컨대, 로젠버그는 "포스트모던 맨", "포스트모던 세계"라는 용어를 사용하여 포스트모더니즘을 설명한 바 있다.

Ⅶ. 하워(Irving Howe)

 미국의 문화 비평가 하워는 1971년 그의 "대중사회와 포스트모던 소설"(Mass Society and Postmodern Fiction)이라는 논문에서 모더니즘에서 포스트모더니즘으로의 변화를 "대중사회"의 출현에 의한 것으로 설명했다.

---

[12] Bernard Rosenberg and David White, *Mass Culture* (Glencoe, IL : The Free Press, 1957), pp. 4-5 ; Best and Kellner , *op. cit., supra* n. 3, p. 7.

그는 "대중사회에서는 과거보다 계급의 구분이 애매해지게 되고 가족과 같은 전통적 권위의 중심이 인간을 결속시키는 구심력을 상실하게 되며, 그에 따라 인간은 대량생산되는 상품의 대량소비자로 전락되고 그 결과 대중매체를 수용한 대중문화가 형성되게 된다"라고 설명했다.13)

요컨대, 하워는 1970년대 초대 "포스트모던 소설"이라는 논문에서 "대중사회"를 설명한 바 있으며, 여기서 그는 "포스트모던"이라는 용어를 사용하였다.

VIII. 핫산(Ihab Hassan)

미국의 예술 비평가인 핫산은 1971년 그의 논문 "포스트모더니즘 : 양측비평적문헌,"(Postmodernism : A Paracritical Bibliography)에서 "포스트모더니즘"이라는 용어를 사용했으며, 그 이후 미국의 많은 예술가들이 이 용어를 사용하게 되었다.14)

핫산은 포스트모더니즘은 기본적으로 해체적인 형태를 띠고 있으며, 문화 정신적인 면에서 무정부주의적이라고 하고, 포스트모더니즘에 포함되어있는 10여개의 형태를 열거했다. 그리고 그는 죠이스(James Joyce)의 작품인 「피네강의 깨어남」(*Finnegans Wake*)에는 무정부주의적 상태가 과다하

---

13) Irving Howe, "Mass Society and Postmodern Fiction," *in Decline of the New* (New York : Horizon, 1970), p. 203 ; Jencks, *op. cit., supra* n. 1, pp. 12, 14.

14) Ibab Hassan, "Postmodernism : A Paracritical Bibliography," *New Liter- ary History*, Vol. 3, No. 1, 1971, p. 5 ; Jencks, *op. cit., supra* n. 1, p. 19.

게 포함되어 있다고 지적하고,15) 때문에 그는 이 작품을 포스트모더니즘의 대표적 작품으로 제시했다.

요컨대, 핫산은 "포스트모더니즘 : 양측비평적문헌"이란 논문에서 "포스트모더니즘"이란 용어를 사용했으며, 그 이후에 "포스트모더니즘"이란 용어가 문화·예술계에 널리 사용되게 되었다.

제3절 포스트모더니즘 용어의 의의

포스트모더니즘이란 용어는 포스트(post), 모던(modern), 그리고 이즘(-ism)의 합성어로 구성되어 있다. 그러므로 포스트모더니즘이란 용어의 언어적 의미를 이해하기 위해서는 "포스트", "모던", 그리고 "이즘"의 어의를 고찰해볼 필요가 있다.

I. 포스트

포스트(post)란 단어는 라틴어의 "post"에서 유래하는 것으로, 이는 "명사"로 사용될 경우와 "접두사 또는 형용사"로 사용될 경우가 있다.16) (i) 명사로는 우편·우편물·우체통

---

15) Hassan, *op. cit., supra* n. 5, p. 123 ; Jencks, *op. cit., supra* n. 1, p. 19.

16) Judy Pearsall (ed.), *The New Oxford Dictionary of English* (Oxford : Clarendon Press, 1998), p. 1448.

· 우체국 · 역, 또는 지위 · 직책 · 부서 · 주둔지 · 초소 · 장대 등을 의미한다.17) (ii) 접두사 또는 형용사로 사용될 경우는 시간적으로 뒤에(after), 다음에(afterwards), 이어서(subsequently) 등을 의미하며, 더러는 반대 · 이탈(object)을 의미하는 경우도 있다. 그리고 포스트의 반대어는 "ante" 또는 "pre"(예외적으로 "pro")이다.18)

포스트모더니즘에 있어서 "포스트"는 명사로(예컨대, 우편 · 우편물 · 우체통 · 또는 자위 · 검색 · 초소 등) 사용되어 모더니즘과의 복합어를 구성하는 것으로 볼 수는 없다. 또한 "포스트"는 접두사 또는 형용사로서 뒤 · 다음에 · 이어서 또는 반대 · 이탈 등으로 사용되는 것으로 볼 수 있다. 그러나 (i) "뒤에" · "다음에" · "뒤이어서" 또는 (ii) "반대" · "이탈" 중에서 어느 것을 의미하는 것인지에 관해서는 모더니즘과의 관계에서 견해의 대립이 있다. 따라서 상기 (i)과 (ii)중 어느 것을 의미하는 것인가의 문제는 결국 포스트모더니즘과 모더니즘과의 관계를 어떻게 볼 것이냐의 문제를 귀착되게 된다. 포스트모더니즘과 모더니즘의 관계에 관해서는 (i) 포스트모더니즘은 모더니즘의 "단절"로 보는 견해,19) (ii) 포

---

17) Longman, *Longman Dictionary of Comtemporary English*, New ed.(London : Longman, 1987), p. 803.

18) J. A. Simpson and E. S. C. Weiner, *The Oxford English Dictionary*, and ed., Vol. 12 (oxford : Clarendon Press, 1998), p. 183

19) Douwe W. Fokkema, *Literary History, Modernism, and Postmodernism* (Amsterdam : John Benjamins, 1984), p. 5 ; Howe, *op. cit., supra* n. 15, p. 192 ; Leslie Fiedler, "Cross the Border-Close that Cap : Postmodernism," in A *Fiedler Reader* (New York : Stein and Day, 1977, p. 270 ; Christopher Butler, *After the Wake : An Easay on the*

스트모더니즘은 모더니즘의 "연속"으로 보는 주장,20) (iii) 포스트모더니즘은 모더니즘의 단절과 연속의 "절충"으로 보는 입장이21) 대립되어 있다.

일반적으로 (i) 포스트모더니즘은 모더니즘의 "단절"로 보는 견해의 입장에서는 포스트의 의미를 "뒤에", "다음에" 또는 "이어서"로 보는 것은 타당하다고 할 수 있으나, "반대" 또는 "이탈"로 보는 것은 부적절한 것이라 할 수 있다. 그러나 (ii) 포스트모더니즘은 모더니즘의 "연속"으로 보는 견해에 의하면 포스트의 의미를 "뒤에", "다음에" 또는 "이어서"로 보는 것은 부적절하나, "반대" 또는 "이탈"로 보는 것은 적절한 것이라 할 수 있다. (iii) 포스트모더니즘을 모더니즘의 단절과 연속의 "절충"으로 보는 견해에 의하면 포스트의 의미를 "뒤에", "다음에" 또는 "이어서"로 보는 것과 "반대" 또는 "이탈"로 보는 것이 모두 적절할 수도 있고 모두 부적절할 수도 있다고 볼 수 있다.

Contemporavy Acant-Carde (Oxford : Clarendon Press, 1980), p. ix.

20) Frank Kermode, *Continuities* (New York : Random House, 1968), p. 23-24 ; Gerald Graff. "The Myth of the Postmodern Breakthrough," in *Literatur Against Itself* : *Literary Ideas in Modern Society* (Chicago : University of Chicago Press, 1979), p. 32 ; Daniel Bell, *The Cultural Cond.tions of Capitalism* (New York : Basic Book, 1978), p. 51.

21) Philip Stevick, "Literature," in Stanley Trachtenberg (ed.), *The Postmodern Moment : A Handbook of Contenporary Innovation in the Arts* (Westpint : Greenwood Press, 1985), pp. 136-37 ; Andreas Huyssen, "Mapping the Postmodern," in Joseph Natol and Linda Hutcheon (eds.), *A Postmodern Reader* (Albany : SUNY, 1993), p. 145.

포스트모더니즘의 "포스트"의 의미를 여러 가지로 볼 수 있는 것과 같이 "포스트"의 표기방법도 "post-modernism",22) "posTModernism",23) "postmodernism",24) "POSTmodern-ISM"25)등 다양하다. 가장 일반적인 표기방법은 "postmodernism"이다.

요컨대, 포스트모더니즘에서 "포스트"의 의미를 포스트모더니즘과 모더니즘의 관계를 단절과 연속의 "절충"으로 보는 것이 타당하므로, 이러한 입장에 따라 한편으로는 모더니즘의 "뒤"라는 뜻, 즉 "후기" 모더니즘이라는 뜻이며, 다른 한편으로는 모더니즘의 "이탈"이라는 뜻, 즉 "탈" 모더니즘이라는 뜻을 모두 함축하고 있는 것이다.

---

22) Woodham, *op. cit., supra* n. 1, p. 183.

23) Wood, Cole, and Grealt, *op. cit., supra* n. 1, p. 322 ; Jencks, *op. cit., supra* n. 1, p. 11.

24) Besr and Kellner, *op. cit., supra* n. 3, p. 4 ; David E. Cooper (ed.), *A Companion to Aesthetics* (Oxford : Blackwell, 1992), p. 288 ; John McGowan, *Postmodernism and Its Critics* (Ithaca : Cornell Univercity Press, 1991), p. 22 ; Barry Smart, *Postmodernity* (New York : Routledge, 1993), p. 11 ; Anthony J. Cascard, "History, Theory, (Post)Modernity," in Cary Shapiro (ed.), *After the Future Postmodern Times and Places* (Albany, N.Y : State University of New York Press, 1990), p. 1 ; Mark C. Taylor *A Postmodern / A theology* (Chicago : The University of Chicago Press, 1984), p. 3 ; Ceistina Degli-Espost, "Postmodernism(s)," in Cristina Degi-Espost (ed.), *Postmodernism in the Cinema* (New York : Berghahn Books, 1998), p. 3 ; Veith, *op. cit., supra* n. 1, p. 39 ; Domini Strinati, *An Introduction to Studying Popular Culture* (New York ; Routledge, 2000), p. 108.

25) Hassan, *op. cit., supra* n. 14. p. 19.

II. 모던

　모던(modern)은 라틴어의 "modo"에서 유래된 것으로 그 것의 원래 의미는 "바로지금"(just now)을 뜻한다. 또는 영어에 있어서 모던(modern)은 (i) 지금 있는(being at this time), 지금 존재하는(now existing), 현대시대 (present times), 최근 시간 (recent times), 현재(current age, current period)를 의미하기도 하고, (ii) 비교적 최근 기간 (comparatively recent period), 고대와 대조되는 기간 (contrasted with an ancient period or epoch)을 의미하기도 한다.[26] 상기(i)의 의미는 "현대"를 뜻하고, (ii)의 의미는 "근대"를 뜻하는 것이라 할 수 있다.

　포스트모더니즘에 있어서 "모던"의 의미도 "현대"를 뜻할 수도 있고 "근대"를 뜻할 수도 있다. 포스트모더니즘에서 "모던"은 "근대"를 의미하는 것으로 볼 것이냐 또는 "현대"를 의미하는 것으로 볼 것이냐의 문제는 포스트모더니즘과 모더니즘과의 관계를 어떻게 볼 것이냐의 문제를 귀착된다. (i) 포스트모더니즘을 모더니즘의 "단절"로 본다면[27] "포스트모더니즘"의 "모던"은 "근대"를 의미하는 것이며, (ii) 포스트모더니즘을 모더니즘의 "연속"으로 본다면[28] "포스트모더니즘"의 "모던"은 "현대"를 의미하는 것으로 된다. (iii) 포스트모더니즘을 모더니즘의 단절과 연속의 "절충"으로 본다면[29] "포스트모더니즘"의 "모던"은 "근대"와 "현대"를 모

---

26) Simpson and Weiner, *op. cit., supra* n. 24, Vol. 9, p. 947.
27) see, *supra* n. 19.
28) see, *supra* n. 20.

두 의미하는 것으로 된다.

요컨대, 포스트모더니즘에서 "모던"이란 의미는 포스트모더니즘과 모더니즘의 관계를 단절과 연속의 "절충"으로 보는 것이 타당하므로, 이러한 입장에 따라 한편으로는 "근대"를 뜻하고, 다른 한편으로는 "현대"를 뜻하는 것이다.

III. 이즘

이즘(-ism)은 라틴어의 "-ismus"에서 유래한 것으로, 이는 독립된 단어인 명사로 사용되는 경우(ism)와 접미사(suffix)로 사용되어 다른 명사와 결합한 단어를 명사로 사용되는 경우(-ism)가 있다. 독립된 명사로 사용되는 경우(ism)에는 "구별되는 특성이나 관계(a distinctive character relation)를 갖고 있거나 갖기를 주장하는(having, or claiming to have) 주의나, 이론, 또는 실제의 형태(a form of doctrine, theory, or practice)"를 의미한다.[30] (ii) 접미사로서 다른 명사와 결합된 명사로 사용되는 경우(-ism)는

1) 행동이나 그 행동의 결과(an action or its result)를 표시하는 경우

2) 제도, 원칙, 또는 사상적 운동(system, principle, or ideological movement)을 표시할 경우

3) 언어상의 특성(specificity in language)을 표시할 경우,

4) 병리학적 조건(pathological condition)을 표시할 경우 등이 있다.[31]

---

29) see, *supra* n. 21.
30) Simpson and Weiner, *op. cit., supra* n. 18, Vol. 8, p. 112.

포스트모더니즘에서 "니즘"은 "모던"의 접미사를 "모던"과 결합되어 "모더니즘"이라는 명사로 사용되고 있으므로 이는 "독립된 명사로 사용되는 경우"(-ism)가 아니다.

포스트모더니즘에서 "니즘"은 접미사로 사용되는 경우 중 "제도·원칙·사상적 운동"을 표시하는 뜻으로 사용되는 것으로 보아야 한다. 따라서 "포스트모더니즘"이란 포스트모던에 관한 "제도·원칙·사상적 운동"을 의미하는 것이라 할 수 있다.

제4절 결언

이상에서 고찰해 본 바와 같이 문헌의 기록에 의하면, "포스트모던"이란 용어가 최초로 사용한 것은 1870년경에 프랑스의 화가 월킨스의 "포스트모던 회화"라는 표현에서 찾아 볼 수 있다. 이와 같이 미술가에 의해 최초로 사용된 "포스트모던"이란 용어는 그 이후 1934년에 문학비평가 오니스에 의해, 그리고 1942년에 역시 문학비평가 핕츠에 의해 사용되었다. 그 이후 "포스트모던"이란 용어는 1946년에 역사가 토인비에 의해 사용되었으며, 이 용어는 그 이후 1957년 미국의 문화역사가 로젠버그에 의해 승계되었다. 이는 또다시 1971년 미국의 문학비평가 하워에 의해 사용되었으며, 역시 1971년 미국의 예술 비평가 핫산에 의해 "포스트모더니즘"이란 용어가 사용되게 되었다.

---

31) Pearsall, *op. cit., supra* n. 16, p. 967.

이와 같이 "포스트모던" 또는 "포스트모더니즘"이란 용어는 예술가·문학비평가·사학가·예술비평가 등에 의해 통일적인 하나의 맥을 연결하는 계보를 형성하지 못하고 제각기 사용되게 된다. 그리고 "포스트모더니즘"이란 용어의 어의는 접두사인 "포스트"(post), 접미사인 "이즘"(-ism), 그리고 명사인 "모던"(modern)의 복합어로 구성되어 있다. "포스트"는 "뒤에"·"다음에"·"이어서"의 의미 이외에 "반대"·"이탈"의 의미를 함축하고 있으며, "모던"은 "근대"와 "현대"의 의미로 사용되며, "이즘"은 접미사로서 "제도"·"원칙", 또는 "사상적운동"을 의미한다.

포스트모더니즘이란 용어의 "포스트"와 "모던"의 본질적인 의미는 결국 포스트모더니즘과 모더니즘의 관계 속에서 찾을 수 밖에 없다. 포스트모더니즘은 모더니즘의 단순한 "단절"이 아니며 또 단순한 "연속"만도 아니다. 그것은 모더니즘의 단절과 연속을 모두 포괄하는 "절충"적인 것이다.

따라서 포스트모더니즘이란 용어는 한 편으로 모더니즘과 본질적인 차이가 있는 것으로 보이면서 다른 한편으로는 양자는 근본적인 면에서 차이가 없다. 그러면서도 포스트모더니즘은 모더니즘에 대한 거부와 비판적 반작용으로 모더니즘으로부터의 "이탈"을 의미하기도 한다. 따라서 포스트모더니즘에서 "포스트"는 "근대"와 "뒤에" 그리고 "이탈"을 모두 의미하는 것이며, "모던"은 "근대"와 "현대"를 모두 뜻하는 것이다.

제1장

포스트모더니즘의 이론적 전개

제1절 서설

　20세기 후반을 지배하고 있는 문화·예술의 사조인 포스트모더니즘을 정확히 이해하기 위해서는 그의 개념파악이 요구된다. 그러나 포스트모더니즘의 개념의 광범성, 범위의 포괄성, 그리고 배경의 다양성 등에 의해 포스트모더니즘의 개념을 파악하는 것은 그리 쉬운 일이 아니다.
　포스트모더니즘의 개념은 연대기적으로 그의 전시대적 사조인 모더니즘과의 차이를 이해함으로써 파악될 수 있다. 그러므로 포스트모더니즘의 개념을 파악하기 위해 포스트모더니즘과 모더니즘의 차이를 규명해 볼 필요가 있다. 그러나 포스트모더니즘과 모더니즘의 차이를 규명해 보는 일도 그리 쉬운 것이 아니다.

포스트모더니즘과 모더니즘을 구별하기 어려운 이유로 다음 두가지를 들어 볼 수 있다. 첫째로, 포스트모더니즘과 모더니즘을 연대기적으로는 구분하나, 포스트모더니즘과 모더니즘의 관계에 있어서 포스트모더니즘은 모더니즘의 "단절"인가, "연장"인가 또는 단절과 연장의 "절충"인가의 논의가 분분하므로, 어떤 입장을 따르느냐에 따라 양자의 차이는 현격하게 달라 질 수 있기 때문이다.

둘째로, 포스트모더니즘을 보는 시각이 이를 긍정적·수용적으로 보는 견해와 이를 부정적·배타적으로 보는 견해가 대립되어 있으므로, 어떤 입장을 취한 것이냐에 따라 포스트모더니즘과 모더니즘의 차이가 달라지기 때문이다.

포스트모더니즘이라는 거대한 사조에 대해 우리가 안고 있는 과제 중의 하나는 국제문화인 포스트모더니즘을 전통문화인 민족문화와 어떻게 조화시키느냐, 그리고 세계문화인 포스트모더니즘을 지역문화인 우리문화와 어떻게 융화시키느냐인 것이다. 포스트모더니즘과 모더니즘의 차이를 규명하여 이 과제를 풀 수 있는 방향을 모색해야 할 것이다.

이하 "포스트모더니즘과 모더니즘의 차이의 의의"에 관대 고찰해 보고, "포스트모더니즘과 모더니즘의 차이의 내용"을 제시해 보기로 한다.

제2절 모더니즘과 포스트모더니즘의 관계론

 포스트모더니즘과 모더니즘의 차이라는 의의는 포스트모더니즘과 모더니즘의 관계를 어떻게 보느냐에 따라 달라질 수 밖에 없다. 포스트모더니즘과 모더니즘의 관계를 어떻게 보느냐에 관한 견해는 다음과 같은 세가지의 견해로, 나누어 볼 수 있다.

 (i) 포스트모더니즘은 모더니즘의 "단절"로 보는 견해1)
 (ii) 포스트모더니즘은 모더니즘의 "연속"으로 보는 견해2)
 (iii) 포스트모더니즘은 모더니즘의 "단절"과 "연속"의
  "절충"으로 보는 견해3)이다.

---

1) Douwe W. Fokkema, *Literary History, Modernism, and Postmoderism* (Amsterdam : John Benjamins, 1984), p. 5 ; Lesilie Fiedler, "Cross the Border Close the Cap," *in Fiedler Reader* (New York : Stein and Day, 1977), p. 270 ; Christopher Butler, *After the Wake : An Easy on the Contemporary Avant-Carde* (Oxford : Clarendon Press, 1980), p. 4 ; Irving Howe, "Mass Society and Postmodern Fiction," in *Decline of the New* (New York : Horizon, 1970), p. 192.

2) Daniel Bell, *The Cultural Condition of Capitalism* (New York : Basic Book, 1978), p. 51 ; Frank Kermode, *Continuities* (New York : Kandom House, 1968), pp. 23-24 ; Gerald Graff, "The Myth of the Postmodern Breakthough," in *Literatur Agaiust Itself : Literary Ideas in Madern Society* (Chicago : University of Chicago Press, 1979), p. 32.

3) Andreas Huyssen, "Mapping the Postmodern," in Jeseph Natoli and Linda Hutcheon (eds.), *A Postmodern Reader* (Albany : SUNY, 1993), p. 145 ; Philip Stevick, "Literature," in Stanley Trachtenberg (ed.), *The Postmodern Moment : A Handbook of Contemporary Innovation in the Arts* (Westpoint

따라서 포스트모더니즘과 모더니즘의 차이의 의미는 포스트모더니즘과 모더니즘의 관계를 바라보는 견해에 따라 달라지게 된다.

첫째로, 포스트모더니즘을 모더니즘의 "단절"로 보는 견해에 의하면, 포스트모더니즘과 모더니즘은 명확히 구별되며, 양자의 차이는 명백히 존재하고 양자의 구별은 의미를 갖는다.

둘째로, 포스트모더니즘을 모더니즘의 "연속"으로 보는 견해에 의하면, 포스트모더니즘과 모더니즘은 명확히 구별되지 않으며, 따라서 양자의 차이는 명백히 존재하지 아니한다. 양자의 차이는 대부분 존속하지 아니하며, 오히려 양자의 공통점이 더 많이 존속한다. 따라서 양자의 차이는 양자의 차이가 존재하는 범위 내에서만 의미를 갖는다.

셋째로, 포스트모더니즘을 모더니즘의 "단절"과 "연속"으로 보는 견해에 의하면, "단절"부분에 있어서는 포스트모더니즘과 모더니즘은 명확히 구별되며, 따라서 양자의 차이는 명백히 존재하며 양자의 차이는 의미를 갖는다. "연속"으로 보는 부분에 있어서는 포스트모더니즘과 모더니즘은 명확히 구별되지 않으며, 따라서 양자의 차이는 명백히 존재하지 아니한다. 양자의 차이는 대부분 존속하지 아니하며, 오히려 양자의 공통점이 더 많이 존속한다. 따라서 양자의 차이는 양자의 차이가 존재하는 범위 내에서만 의미를 갖는다.

포스트모더니즘의 어원으로 볼 때, "포스트"라는 접두사는 특별한 의미를 갖는 것이다. 포스트모더니즘이 모더니즘의

: Greenwood Press, 1989), pp. 136-37.

연속으로 본다면 "후기"의 접두사를 부하여 "후기모더니즘"이라 했을 것이다. 후기라는 접두사를 사용하지 아니하였으므로 포스트모더니즘은 모더니즘의 연장으로 볼 수 없다. 또한 포스트모더니즘을 모더니즘의 단절로 본다면 "반"(dis), "탈"(de), 또는 "비"(un)라는 접두사를 사용해야 할 것이지만 "포스트"라는 접두사를 사용하고 있으므로 포스트모더니즘은 모더니즘의 단절로 볼 수도 없다. 그러므로 포스트모더니즘과 모더니즘의 관계는 모더니즘의 연장이고 동시에 단절의 "절충"이란 관계를 갖고 있다.

포스트모더니즘의 내용으로 부터 볼 때, 포스트모더니즘은 모더니즘의 논리적 발전의 계승이며 동시에 모더니즘에 대한 비판적 반 작용과 의식적 단절을 내용으로 하고 있다. 포스트모더니즘은 한편으로 모더니즘 그 자체 내에서 이루어지는 순환적인 한 단계로 파악되며, 다른 한편으로는 모더니즘에 대한 비판과 도전으로 무정부주의적 입장을 견지하고 있다. 이와 같이 포스트모더니즘은 모더니즘의 연속인 동시에 단절을 의미하며, 포스트모더니즘은 "이중적 부호"라고 정의 할 수 있다. 즉, 포스트모더니즘은 소수의 사람과 다수의 대중이 의사소통을 할 수 있도록 모더니즘의 전통적 기교에 새로운 대중적 기교를 결합시켜 놓은 것이다.

본 연구에서는 상술한 두가지 이유, 즉 "포스트"의 접두사적 의미의 근거와 포스트모더니즘의 내용의 근거에 따라 포스트모더니즘은 모더니즘의 연속이고 동시에 단절이라는 "절충주의"(eclecticism)의 입장을 따르기로 한다.

제3절 모더니즘과 포스트모더니즘의 구별론

먼저 포스트모더니즘과 모더니즘의 구별에 관한 여러 학자의 학설을 고찰해 보고, 이에 대한 사견을 제시해 보기로 한다.

I. 제임슨(Fredric Jameson)

제임슨은 포스트모더니즘과 모더니즘의 차이를 포스트모더니즘의 양식의 특징을 제시하여 기술하고 있다. 포스트모더니즘 양식은 다음과 같은 두가지 특징을 갖고 있는 점에서 모더니즘과 구별된다고 한다.

첫째로, 포스트모더니즘은 양식에 있어서 "정신분열증"(schizophrenia)의 특성을 갖고 있다고 한다. 제임슨은 정신분열학자 라캉(Jacques Lacan)의 정신분열증에 대한 해석을 포스트모더니즘의 해석에 원용했다. 제임슨은 정신분열증을 언어의 혼란이라고 규정하고 이는 언어를 통해 지각되는 시간의 지속성의 파괴, 그리고 미래와 단절된 영원한 현재의 체험이 고집·분절·불연속 되는 물질적 지표가 된다고 한다. 따라서 정신분열증 환자는 개인적인 자기정체성이 없으며 현재에 대한 체험만이 과거·미래와 단절된체 생생해 지며 물질적인 것으로 된다고 한다.[4] 이와 같이 제임슨은 모더니즘과 달리 포스트모더니즘의 양식은 정신분열증적 특징을 갖고 있으며, 이점에서 포스트

---
[4] Fredric Jameson, "Postmodernism or the Cultural Logic of Late Capitalism," *New Left Review*, No. 146, 1989, pp. 71-72.

모더니즘은 모더니즘과 차이가 있는 것으로 보고 있다.

둘째로, 포스트모더니즘은 양식에 있어서 "혼합모작"(pasthiche)의 특성을 갖고 있다고 한다. 제임슨은 혼합모작은 규칙적 언어, 대화, 언어적 규범의 존재가 사라진 결과로 패러디(parody)가 불가능한 상태에서 나타나는 독특한 양식의 모방이라고 하고, 혼합모작은 정서적인 것으로 공허하고 유머 감각을 없애 버린 패러디라고 한다. 그는 혼합모작은 "주체의 해체"(deconstruction of subject), 즉 "주체의 죽음"(death of subject)에서 기인된 것이라고 보고 있다. "주체의 죽음"에 따라서 개인주의 자체가 소멸되고 양식상의 창조가 더 이상 이루어 질 수 없게 되었으므로 결국 죽은 양식을 모방하는 방법만이 가능하게 되어 모작이 등장하게 되었다는 것이다.[5] 이와 같이 제임슨은 포스트모더니즘의 특성인 절충주의·복고주의(revivalism)에 기초한 모방의 양식에 따라 이루어지는 혼합모작은 포스트모더니즘의 양식상의 특징이며 그 점에서 포스트모더니즘은 그러한 양식상의 특징이 없는 모더니즘과 차이가 있다는 것이다.

요컨대, 제임슨은 포스트모더니즘의 양식을 부정적으로 보는 기본적 입장에서 포스트모더니즘의 양식상의 특성으로 정신분열증과 혼합모작을 들고 있다. 따라서 그는 포스트모더니즘의 이러한 양식의 특성에 의해 모더니즘과 차이가 있다고 본 것이다.

---

5) *Ibid.*, pp. 64-65.

II. 워커(John Walker)

워커는 제임슨과 마찬가지로 포스트모더니즘은 양식상 여러 가지 특징이 있음을 서술하고 있다. 그러한 포스트모더니즘의 양식상의 특징에 따라서 포스트모더니즘은 모더니즘과 차이가 있다는 것을 제시한 것이다.

그는 포스트모더니즘 양식의 특징으로 다음과 같은 것을 열거하고 있다.

첫째로, 포스트모더니즘은 양식에 있어서 "다원주의"(pluralism)의 특징을 갖고 있다고 한다. 워커는 각 시대는 오직 하나의 양식만을 갖고 있다는 모더니즘의 사고방식은 양식의 다원성을 인정하는 사고에 의해 부정된다고 한다. 그는 절충주의와 이종교배의 복합적 양식이 유행되고 단일의 양식이 지배적으로 나타나는 규범은 없다고 한다. 이와 같이 포스트모더니즘은 양식의 다원성을 특징으로 하므로 그러한 특징이 없는 모더니즘과 구별된다고 한다.

둘째로, 포스트모더니즘은 양식에 있어서 "복고주의"의 특징을 갖고 있다고 한다. 워커는 모더니즘을 포함해서 역사와 전통은 유용한 것이며, 인용을 통해 재등장하는 복고양식, 콜라주(collage)기법, 그리고 풍자·모방 등이 등장하게 된다고 한다. 이와 같이 포스트모더니즘은 양식의 복고성을 특징으로 하므로 그러한 특징이 없는 모더니즘과 구별되는 것으로 보고 있다.

셋째로, 포스트모더니즘은 양식에 있어서 "장식(decora- tion, ornament)의 수용"이라는 특성을 갖고 있다고 한다. Walker는 기능주의에 입각하여 모더니즘에서 배제되었던 장식이 포스트모더니즘에서 다시 수용되게 된다고 한다. 이와 같이 포스트모더니즘은 양식에 있어서 장식의 수용성을 특징으로 하므로 이는 그러한 특징이 없는 모더니즘과 구별되는 것으로 보고 있다.

넷째로, 포스트모더니즘은 양식에 있어서 "모호성"(ambiguity)의 특징을 갖고 있다고 한다. 워커는 복합성·모순성·모호성이 단순성·순수성·합리성을 대체하는 가치로 전환되고, 고급예술과 저급예술, 순수예술과 상업예술의 혼합은 지식수준이 서로 상이한 대중에게 그 계층에 각기 적합한 양식을 제공하게 된다고 한다. 이와 같이 포스트모더니즘은 양식에 있어서 모호성을 특징으로 하므로 이는 그러한 특징을 찾아 볼 수 없는 모더니즘과 구별되는 것으로 본다.

다섯째, 포스트모더니즘은 양식에 있어서 "언어성"(language)의 특징을 갖고 있다고 한다. 워커는 포스트모더니스트들에 의하면 양식과 의미와의 관계에서 건축과 디자인은 다른 종류의 진술을 작심하는 하나의 "언어"로 다루고 있다고 한다. 이와 같이 포스트모더니즘은 양식에 있어서 그 의미를 "언어"로 취급하므로, 이는 그러한 의미를 부여하지 아니하는 모더니즘과 구별되는 것으로 본다.

끝으로, 포스트모더니즘은 양식에 있어서 "작품의 상호 참여성"(mutual participation of work)이라는 특징을 갖고 있다고 한다. 워커는 포스트모더니즘에서는 예술의 기본적인 성격인 "작품의 상호 참여성"이 제고된다고 한다. "작품의 상호 참여성"이란 모든 문화·예술 작품 등은 묵시적으로 또는 공연하게 다른 다양한 작품과 상호관계를 맺고 있으며 상호 암시하고 논평하고 있다는 관련성을 의미한다. 이와 같이 포스트모더니즘은 "작품의 상호 참여성"이라는 특징이 있으므로, 이는 이러한 특징이 없는 모더니즘과 구별되는 것으로 본 것이다.6)

요컨대, 워커는 제임슨이 포스트모더니즘의 양식을 부정적으로 보는 기본적으로 입장과는 달리 이를 긍정적으로 보는 입장에서, 상술한 포스트모더니즘의 특징에 의해 포스트모더니즘은 모더니즘과 구별되는 것으로 보고 있다.

III. 핫산(Ihab Hassan)

어떠한 면에서 포스트모더니즘은 모더니즘이 논리적으로 계승되어 발전된 형태이면서 모더니즘을 극복하려는 형태냐는 의문을 갖으며, 그것은 포스트모더니즘은 말할 것도 없거니와 모더니즘의 개념과 성격을 규정하는 데도 매우 중요하다. 이 문제와 관련하여 포스트모더니즘에 관하여 남다른 관심을 보여온 비평가 핫산은 그의 논문 "포스트모더니즘의 개념 정립을 위하여"에서 포스트모더니즘과 모더니즘의 특징을 상호 대비시켜 양자의 차이를 다음과 같은 도식으로 설명했다.

---

6) John A. Walker, *Art in the Age of Mass Media* : Boulder : Westview, 1994. pp. 87-90.

[표 1] 핫산에 의한 모더니즘과 포스트모더니즘의 차이[7]

모더니즘	포스트모더니즘
수직적(Vertical)	수평적(Horizon)
낭만주의/상징주의 (Romanticism/Symbolism)	파타피직스/다다이즘 (Pataphysics/Dadaism)
형식 (연결적, 폐쇄적) Fome(conjunctive, closed)	반형식(분열적, 개방적) Antiform(disjunctive, open)
목적(Purpose)	유희(Play)
의도(Design)	우연(Chance)
위계질서(Hierarchy)	무질서(Anarchy)
통달/말(로고스) (Master/Logos)	소모/침묵(Exhaustion/Silence)
객체로서의 예술/완결된 작품 (Art Object/Finished Work)	과정/수행/해프닝 (Process/Performance/Happening)
거리유지(Distance)	참여(Participation)
창조/총합화 (Creation/Totalization)	파괴/해체 (Decreation/Deconstruction)

[7] Ihab Hassan, "Toward a Concept of Postmodernism," in Ihab Hassan (ed.) *The Postmodern Turn: Essays in Postmodern Theory and Culture,* (Ohio: Ohio State University Press, 2001), pp. 121-22.

종합(Synthesis)	대조(Antithesis)
존재(Presence)	부재(Absence)
집중화(Centering)	분산화(Dispersal)
장르/경계 (genre/Boundary)	텍스트/텍스트간의 상호관련 (Text/Intertext)
의미론(Semantics)	수사학(Rhetoric)
계열관계(Paradigm)	결합관계(Syntagm)
종속적 구문(Hypotaxis)	병렬적 구문(Parataxis)
은유(Metaphor)	환유(Metonymy)
선별(Selection)	조합(Combination)
뿌리/깊이(Root/Depth)	뿌리줄기/표면(Rhizome/Surface)
해석/독서 (Interpretation/Reading)	반해석/오독 (Against Interpretation/Misreading)
시니피에(signified, 소기:개념)	시니피앙 (signifiant, 능기:청각인상)

읽을 수 있는(독자적) Lisible(Readerly)	쓸 수 있는(작가적) Scriptible(Writerly)
설화/장대한 역사 (Narrative/Grande Histoire)	반설화/사소한 역사 (Anti-narrative/Petite Histoire)
전체통제부호(Master Code)	개인방언(Idiolect)
증상(Symptom)	욕망(Desire)
유형(Type)	돌연변이(Mutant)
생식기의/남근의 (Genital/Phallic)	다형태의/양성의 (Polymorphous/Androgynous)
편집증(Paranoia)	정신분열증(Schizophrenia)
기원/원인 (Origin/Cause)	차이-차이/흔적 (Difference-Difference/Trace)
하나님아버지(유일신) (God the Father)	성령 (The Holy Ghost)
형이상학(Metaphysics)	아이러니(Irony)
확정(Determinacy)	불확정(Indeterminacy)
초월(Transcendence)	보편내재(Immanence)

VI. 젱크스(Charles Jencks)

 모더니즘과 포스트모더니즘의 특성을 33개 사항으로 대비시켜 양자를 엄격히 구별한 핫산과는 달리, 쟁크스(Charles Jencks)는 좀더 자세한 구별을 시도하고 있다. 그는 근대를 모던(modern), 후기모던(late modern), 포스트모던 (post-modern) 으로 구분하고 있으며, 이데올로기(ideological), 양식(stylistic), 디자인 아이디어(design ideas)라는 내용상의 구분도 아울러 시도하고 있다. 그가 시도한 30개 항목에 이르는 차이점을 [표 2] (이데올로기), [표 3] (양식), 그리고 [표 4] (디자인 아이디어)로 다음과 같이 정리하였다.

[표 2] 모더니즘과 포스트모더니즘의 특징적 차이 (이데올로기)[8]

< 모던 >	< 후기모던 >	< 포스트모던 >
국제적 양식 또는 무양식 (one international style, or no style)	양식 무의식 (unconscious style)	2중적 코트의 양식 (double-coding of style)
이상주의자 (utopian and idealist)	실용주의자 (pragmatic)	대중적 다원론자 (popular and pluralist)
결정론적·기능적 형태 (deterministic form, functional)	융통성 있는 형태 (loose fit)	기호론적 형태 (semiotic form)
시대정신(Zeitgeist)	후기자본주의 (Late-Capitalist)	전통적 선택 (traditions and choice)
예언자·치료자로서의 예술가 (artist as prophet/healer)	억제 예술가 (suppressed artist)	대중적 예술가 (artist/client)
엘리트 주의자 (elitist/for everyman)	전문적 엘리트 주의자 (elitist professional)	엘리트주의자와 참여적 (elitist and participative)
전반적·포괄적 재개발 (holistic, comprehensive redevelopment)	전반적(holistic)	단편적(piecemeal)
구제자, 의사로서의 건축가 (architectect as saviour/doctor)	서비스를 제공하는 건축가 (architect provides service)	대변자, 행동자로서의 건축가 (architect as representative and activist)

---

8) Charles Jencks, *The New Moderns: From Late to Neo-Modernism,* (New York: Rizzole, 1990), pp. 27, 67.

[표 3] 모더니즘과 포스트모더니즘의 특징적 차이 (양식)[9]

< 모던 >	< 후기모던 >	< 포스트모던 >
단도직입성 (straightforwardness)	고도의 감각주의 (supersensualism/Slick -Tech/High-Tech)	집중적 표현 (hybrid expression)
단순성(simplicity)	복합적 단순성 (complex simplicity-oxymoron, abiguous reference)	복합성 (complexity)
균등 공간 (isotropic space)	극도의 균등 공간 (extreme isotropic space)	공간의 다양성 (variable space with surprises)
추상적 형태 (abstract form)	조직적 형태 (sculptural form)	인습적 추상 형태 (conventional and abstract form)
상징의 배제 (anti-symbolic)	의도되지 않은 상징 (unintended symbolic)	상징의 선호 (pro-symbolic)
순수주의(purist)	극도의 순수주의 (extreme repetition and purist)	절충주의(ecletic)
불가해한 바보상자 (inarticulate dumb box)	극도의 분절 (exteme articulation)	기호론적 분절 (semiotic articulation)

---

9) *Ibid.*

기계미학 (Machine Aesthetic, straightforward logic, circulation, mechanical, technology and structure)	제2의 기계 미학 (2nd Machine Aesthetic, extreme logic, circulation, mechanical, technology and structure)	맥락에 의한 다양 (Variable mixed aesthetic depending on contexpression of content and semantic appropriat towards function)
장식의 배제 (anti-ornament)	장식으로서의 구조 (structure and construction as ornament)	응용된 장식 (pro-organic and applied ornament))
표현의 배제 (anti-representational)	억압된 논리 (represent logic circulation, mechanical technology and structure, frozen movement)	표현의 선호 (pro-representation)
은유의 배제 (anti-metaphor)	은유의 배제 (anti-metaphor)	은유의 선호 (pro-metaphor)
역사적 기억의 배제 (anti-historical memory)	역사적 기억의 배제 (anti-historical memory)	역사적 창조물의 선호 (pro-historical reference)
유머의 배제 (anti-humour)	의도되지 않는 유머 (unintended humour, malapropism)	유머의 선호 (pro-humour)

[표 4] 모더니즘과 포스트모더니즘의 특징적 차이
(디자인 아이디어)[10]

< 모던 >	< 후기모던 >	< 포스트모던 >
공원속의 도시 (city in park)	공원속의 모뉴먼트 (monuments in park)	도시의 재건 (contextual urbanism and rehabilitation)
기능적 분리 (functional separation)	세트 안에서의 기능 (functions within a shed)	기능의 혼합 (functional mixing)
표피와 골절 (skin and bones)	시각적 효과의 표피 (slick skin with Op effects, wet look distortion, sfumato)	매너리즘과 바로크 (Mannerist and Baroque)
총체적 작품 (Gesamtkunstwerk)	축소, 변형된 그리드 수법(reductive, elliptical gridism, irrational grid)	모든 수사적 수법 (all rhetorical means)
중량감이 없는 부피감 (volume not mass)	통합된 표피 (enclosed skin volumes, mass denied;'all-over form'-synecdoche)	삐뚤어진 공간과 확장 (skew space and extensions)
포인트 불록 (slab, point block)	돌출된 건물 (extruded building, linearity)	가로에 늘어진 건물 (street building)

---

10) *Ibid.*

투명성 (tansparency)	정확한 명백성 (literal transparency)	애매성 (ambiguity)
비대칭성 (asymmetry and 'regularity')	대칭성 (tends to symmetry and formal retation, mirroring and series)	대칭. 비대칭의 경합 (tends to asymmetrical symmetry)
조화된 통합 (harmonious integration)	일체화전 조화 (packaged harmony, forced harmonisation)	꼴라쥬·충돌 (Clooage/Collision)

위에서 살펴본 바와 같이 모더니즘과 포스트모더니즘을 구별하는 구체적 내용은 학자들에 따라 여러 형태로 제시되고 있다. 제임슨은 2개 사항을, 워커는 6개 사항을, 핫산은 31개 사항을, 쟁크스는 30개 사항을 각각 제시하고 있다. 이와 같이 양자의 차이를 수십 개 사항으로 열거하고 또 각 사항에 대해 그 의미를 하나하나 구체적으로 설명하지 않고 추상적 관념적인 용어로 표기하고 있으므로 이들 추상적 용어로부터 양자의 차이를 세세하게 묘사하는 것은 무리 일 것이다. 즉 이들 용어를 구체적으로 특정한 의미로 해석한다면, 그것은 위 학자들의 의도와는 상당히 멀어질 수 있는 것이다. 이들 용어의 구체적 의미를 임의로 해석하는 것은 논자의 진의에 반하는 우를 범할 수 있으므로 논리상 적합하지 않다고 본다. 포스트모더니즘은 근본적으로 다원주의적 특성을 지니고 있기 때문에 위와 같이 학자에 따라 그 분석

과 주장도 상이할 수 있으며 단일한 내용만이 절대적 타당성을 갖는 것이 아니다.

제4절 결언

상술한 바와 같이 포스트모더니즘과 모더니즘의 차이를 엄격하게는 양자의 관계를 "단절"으로 보는 입장에서만 성립될 수 있는 과제이며, 양자의 관계를 "연장"으로 보는 입장에서는 성립될 수 없는 과제이다.

그리고 포스트모더니즘과 모더니즘의 차이의 구체적인 내용은 학자에 따라 여러 형태로 제시되고 있다. 제임슨은 2개 사항을, 워커는 6개 사항을, 핫산은 31개 사항을, 젠크스는 30개 사항을 각각 열거·제시하고 있다. 이상 여러 학자가 열거·제시한 포스트모더니즘과 모더니즘의 차이는 각각 합리적인 것이라 할 수 있다.

포스트모더니즘은 다원주의를 특성으로 갖고 있으므로, 포스트모더니즘의 입장에서 포스트모더니즘과 모더니즘의 차이의 내용도 학자에 따라 달리 주장될 수 있는 것이며, 단일의 내용만이 절대적 타당성을 갖는 것이 아닌 것이다.

상술한 포스트모더니즘과 모더니즘의 차이의 내용은 국제문화인 포스트모더니즘은 우리의 전통문화인 민족문화와 어떻게 조화시키고 세계문화인 포스트모더니즘을 동양문화인 지역문화와 어떻게 융화시키느냐의 과제를 풀어 나가는 데 있어서 고려되어야 할 것이다.

상술한 포스트모더니즘과 모더니즘의 차이의 내용은 결국 포스트모더니즘의 모더니즘에 대한 특성을 의미하게 되며, 포스트모더니즘의 모더니즘에 대한 특성은 포스트모더니즘의 특성을 의미하게 된다. 따라서 포스트모더니즘과 모더니즘의 차이의 내용은 포스트모더니즘의 특성을 뜻하는 것으로 된다.

그러므로 포스트모더니즘과 모더니즘의 차이의 내용은 상술한 여러 학자가 제시·열거한 여러 사항을 모두 종합적으로 수렴하고 이를 일반화하여 "포스트모더니즘의 특성"으로 제시해 보기로 하며 이러한 "포스트모더니즘의 특성"은 후술하기로 한다.

제4장

포스트모더니즘의 역사적 형성배경

제1절 서설

　1960년대에 접어들면서 포스트모더니즘이라는 문화적 사조가 오늘 미술·음악 등 예술분야에서 뿐만 아니라, 문학·철학 등 인문분야, 더 나아가 경제·법학 등 사회과학 분야에까지 지배하고 있다. 오늘 우리는 일상생활 속에서는 물론이려니와, 학문생활 속에서도 포스트모더니즘이 차지하는 역할과 기능은 참으로 지대한 것이다.
　포스트모더니즘의 개념과 그 특성을 이해하기 위해서는 먼저 한편으로 포스트모더니즘이 역사적으로 형성되게 된

사회적·경제적 배경, 과학적·기술적 배경, 그리고 예술적·문화적 배경을 이해해야 하며, 다른 한편으로 그 배후의 철학적 배경과 사회과학적 배경의 이해가 요구된다.

그것은 오늘의 포스트모더니즘의 실체를 이해하여 오늘의 사회현상을 올바로 해석하기 위해서는 물론이려니와 장차의 포스트모더니즘의 방향을 전망하여 내일의 문화사조의 흐름을 예견하고, 이에 대비하기 위해서 요구되는 것이다.

포스트모더니즘은 그것을 형성하게 한 사회적·경제적 배경, 과학적·기술적 배경, 그리고 문화적·예술적 배경에 따라서 후속으로 철학적·사회과학적 배경이 형성되게 된 것이므로, 사회적·경제적 배경, 과학적·기술적 배경, 그리고 문화적·예술적 배경이 포스트모더니즘의 형성 배경으로 보다 중요한 의미를 갖는다고 할 수 있다.

미래의 사회에서 포스트모더니즘이 어떻게 변모하게 될 것 인지 또한 장차 도래되게 될 사회적·경제적 여건, 과학적·기술적 여건, 그리고 문화적·예술적 여건의 변화에 따르게 될 것이다. 1990년대에 들어서면서 공산국가의 붕괴, 세계화·국제화의 거센 물결, 그리고 세계경제의 불황은 새로운 세계사의 흐름을 요구하고 있다. 포스트모더니즘이 그 기능을 다하고 새로운 이름으로 그것이 변경되거나 또는 대체되게 되었을 때, 미네르바의 부엉이는 날게 될 것이다.

이하 포스트모더니즘의 역사적 형성 배경을 "현실적 배경"과 "이론적 배경"으로 나누어 개관해 보기로 한다.

제2절 현실적 형성배경

I. 사회적·경제적 형성배경

1960년대에 베트남전쟁(Vietnam War), 오일쇼크(Oil Sock, Oil Crises), 녹색혁명(Green Revolution)등은 포스트모더니즘의 형성에 중요한 영향을 준 사회적·경제적 사건이다.[1]

1. 베트남전쟁

포스트모더니즘의 사조를 형성한 사회적·경제적인 주요 요인으로 베트남전쟁을 둘 수 있다. 베트남전쟁은 공산주의 정권인 북베트남의 주도로 베트남이 공산화 통일되는 것을 저지하기 위해 자유민주주의 정권인 남베트남과 미국이 북베트남에 대항한 전쟁이었다.[2]

베트남전쟁은 자본주의를 대표하는 미국의 패배로 끝났으며, 이는 자본주의와 사회주의 세계관의 혼동을 가져왔고, 정전(just war)과 부전(unjust war)의 구별이 현실적으로 불

---

[1] Peter Halley, "Nature and Culture," in Chalres Harrison and Paul Wood (eds.), *Art in Theory*, 1900-1990 (Oxford : Blackwell, 1990), p. 1073 ; Irving Sandler, *Art of the Postmodern Era* (Boulder : Westview, 1998), pp. 13, 333.

[2] Bernard Brodie, *War and Politics* (New York : Macmillan, 1973), pp. 115-26 ; Wolter S. Jones and Steven J. Rosen, *The Logic of International Relations*, 4th ed. (Boston : Little Brown, 1982), pp. 66-67.

가능함을 실증하게 하여 단일가치의 세계관이 무너지게 되었다. 베트남전쟁에서의 미국의 패배는 국제사회에서의 지도적 권위는 회복할 수 없도록 실추되고 말았다. 케네디(John F. Kennedy) 대통령의 암살, 킹(Martin Luther King) 목사의 암살, 흑인의 인권폭동 등도 안정과 질서를 추구하던 미국사회에 큰 혼란을 주어 미국의 대대적 권위도 실추되고 말았다.3)

이는 미국의 젊은이들에게 가치관의 변화를 주어 단일의 가치를 요구하는 보수적 가족으로 부터의 이탈, 개성의 방만한 표출을 추구하는 히피족을 등장케 하였고, 미국의 경제성장의 종말을 선언하는 후기산업주의(post-industrialism)의 조건을 형성케 했다. 그 결과로 부르조아지적 2중주의(bourgeois dualism), 즉 생을 창조할 능력(ability to create life)과 공간을 창조한 능력(ability to create space)을 실현케 하여,4) 하나만의 양식을 추구하던 모더니즘은 거부되고 양식의 다양성을 추구하는 포스트모더니즘이 대두되게 되었다. 베트남전쟁 기간 동안에 해체(deconstruction)는 젊은 학자들에게 자연스럽게 도래되었다.5) 요컨대, 베트남전쟁에서의 미국의 패배는 젊은이들에게 가치관의 변화를 주고 자본주의 경제에 대한 확신을 혼란케 하여, 일반대중에게 다양한 가치를 추구하는 다원적 상대주의적 사고를 갖게 하고 학자들에게는 자아 해체의 이론을 수용 발전 하도록 하여 포스트모더니즘의 사조가 형성되게 되었다.

---

3) *Ibid.*, pp. 67-69 ; Sandler, *op. cit..*, *supra* n. 1, pp. 13-14.

4) Halley, *op. cit.*, *supra* n. 1, p. 1073.

5) Sandler, *op. cit.*, *supra* n. 1, p. 340.

2. 오일쇼크

포스트모더니즘의 사조를 형성한 사회적·경제적 요인의 하나로 오일쇼크(Oil Shock, Oil Crisis)를 둘 수 있다. 1973년 10월 제4차 중동전쟁을 계기로 아랍석유수출국기구(Organization of Arab Petroleum Exporting Countries : OAPEC)에 가입한 회원국들인 아랍산유국들은 석유를 무기화하는 전략을 발동하여 석유의 대량 생산과 대미금수를 강행하여 전세계는 석유부족에 당면하게 되었다.[6] 이와 아울러 아라비아 만안(灣岸) 6개국[7]은 원유공시가격을 배럴당 3,011달러에서 5,119달러로 인상하고, 곧이어 동년말에 11,651달러로 인상했다. 단기간 동안에 4배에 가까운 원유가격의 인상은 감산(減産)에 의한 물량부족과 함께 세계경제를 강타하여 세계경제는 심각한 불황과 인플레를 맞게 되었다.[8] 또한 이란혁명의 여파로 1979년에 제2차 오일쇼크가 발생하게 되었다.[9]

오일쇼크는 1970년대의 미국경제 성장을 실제적·효과적

---

[6] Edmund Jan Osmanczyk, *Encyclopedia of the United Nations*, 2nd ed. (New York : Taylor and Francis, 1990), p. 649.

[7] 쿠웨이트, 사우디 아라비아, 바레인, 카타르, 아랍에미레이트, 오만

[8] Joseph R. Rudolph, "Oil Embago and Energy Crises of 1973 and 1979," Mark S. Coyne and Craig W. Allin(eds.), *Natural Resources*, Vol. 2 (Pasadena, Califernia : Salem Press, 1998), pp. 586-89.

[9] Antonio Colombo, "International Economic Cooperation," in Mario Baldassarri, Luigi Paganetto and Edmund S. Phelps. (eds.), *International Economic* (Rome : St. Martion's, 1992), pp. 285-88.

으로 정지 시켰고, 이에 따라 후기 산업주의의 조건이 형성 되게 되었으며 이때부터 신구조주의자 지향적 예술실기(a neo-structuralist oriented art practice)가 나타나기 시작했 다.10)

또한 자본주의에 의해 형성된 기본질서에 의문이 제기되 게 되었고 엘리트에 저항하는 대중적 여론이 사회의식의 변 화를 요구하게 되었다. 그 결과로 기성세대가 만들어온 문화 에 대한 대중예술운동이 젊은 세대를 주축으로 하여 대두되 게 되었으며, 이는 반디자인(anti-design) 운동으로 확산 발 전되게 되었다.

반디자인은 1960년대 말과 1970년대 초에 현대의 제도화 되고 체계화된 디자인에 반대하는 대안적 디자인(alternative design)과 급진적 디자인 (radical design)으로 구분된다.11) 대안적 디자인은 대량생산과 대량소비의 사회적 구도 속에 서 현대생활의 상품화, 인간의 소외, 그리고 환경의 파괴 등 을 비판하고 대안적 생활양식을 추구하는 디자인을 말한다. 이는 그 대안으로 소박한 생활(simple life)·임시주의 (adhocism)·자조법(self-aid)·반제(doit-yourself) 등을 제 안한다. 급진적 디자인은 이탈리아를 중심으로 추진된 운동 의 하나로 근대 디자인의 엘리트주의와 획일적 통일주의에 반대하여 평범한 대중적 디자인에 관심을 표명하는 디자인 을 의미한다. 대안적 디자인과 급진적 디자인은 포스트모더

---

10) Halley, *op. cit., supra* n. 1, p. 1073.

11) Mel Byars, *The Design Eneyclopedia* (London : Laurone King, 1994), p. 25 ; H. H. Arnason, Marla F. Prather, and Dariel Weeler, *A History of Modern Art*, 4th ed. (Londen : Thames and Hudson, 1986), pp. 767-69.

니즘의 한 주류를 형성하고 있다.

반디자인 운동은 이상주의(idealism)와 아이러니(irony)의 특성을 갖고 있으며, 이는 하나의 자기 비판적 철학(a self-critical philosophy)을 표명하고 있다.12)

요컨대, 오일쇼크의 결과로 미국에 있어서 "후기산업주의"의 조건이 형성되게 되었고, 그에 따라 "신 구조주의자 지향적 예술실기"가 나타나게 되고 "반디자인" 운동이 전개되어 포스트모더니즘이 형성되게 되었다.13)

3. 녹색 혁명

포스트모더니즘의 사조를 형성한 사회적·경제적 요인의 하나로 "녹색혁명"을 둘 수 있다. 1960년대는 농업생산물의 급속한 증산의 과정(process of rapid increase of agricultural production)을 의미 하는 녹색혁명의 시대였다. 녹색혁명은 획기적인 식량의 증산을 위해 품종개량 및 과학기술을 도입한 농업상의 기술혁신을 말한다. 1944년 미국의 록펠러 재단(Rockefeller Foundation)의 전문가들의 멕시코에서 소맥생산을 획기적으로 증대시킨 것이 그 효시이다.

1960년대 중반부터 미국을 중심으로 농산물 증대를 위한 기술적 연구가 활발히 진행되었으며, 식량부족으로 허덕이던 개발도상국들이 이를 적극적으로 도입함으로써 농업생산에 획기적인 역할을 했다. 그러한 대표적인 국가로 필리핀, 멕시코, 파키스탄, 인도 등을 둘 수 있다.14)

---

12) Byars, *op. cit., supra* n. 11, p. 25.
13) Halley, *op. cit., supra* n. 1, p. 1073.

이러한 녹색혁명은 전통적인 농업과 비교하여 높은 수준의 생산을 가져왔지만, 동시에 더 많은 농업생산을 위해 국가별 기후와 풍토에 적합한 기반조성이 필요하게 되기 때문에 신품종의 보급에 있어서 국가별 특징이 나타나게 되었다.15) 우리나라에서는 자원민족주의의 기틀아래 식량무기화의 정책을 시행하여 필리핀에 본부를 둔 국제식량연구소(International Rice Institute)에서 개발한 "기적의 쌀"(varieties of rice) "IR-8"이라는 이름의 품종을 도입하여 연구 노력한 결과로 1970년대 초에 통일벼 계통의 신품종의 육성 개발에 성공하여 미곡생산에 획기적인 성과를 얻을 수 있었다.

녹색혁명에 따른 농업생산물 증산의 획기적인 발전을 생산자와 소비자간의 균형을 가져왔고, 산업화전의 북한과 아직 산업화되지 않은 남한간의 균형을 가져왔으며, 국가별로 그의 풍토에 맞는 역사와 전통의 가치를 재확인 할 수 있도록 하는 계기를 마련하게 되었으며16) 그 결과로 과거의 양식은 버릴 것이 아니라 재작·혼성·모방을 통해 새로운 양식을 창조해 나가야 한다는 복고적·절충적·다원적 의식의 형성을 강조하게 되어 포스트모더니즘의 사조가 음투게 되었다.

---

14) John H. Perkins, *Geopolitics and the Green Revolution* (Oxford : Oxford University Press, 1997), p. 92; Osmanczyk, *op. cit., supra* n. 6, p. 351.

15) A.S. Bhalla, *Unevelopment in the Third World*, 2nd ed. (London : Macmillan, 1992), pp. 148-50.

16) Michael P. Todaro, *Ecomomic Development*, 7th ed. (Harlow, England : Addision-Wesley, 2000), pp. 393-94.

II. 과학적·기술적 형성 배경

20세기 후반 컴퓨터를 중심으로 급속한 과학발전이 진행되었다. 1960년대에 과학기술은 급속도로 발전해 왔다. 그 발전의 모습을 보여주는 예로 1962년의 단일철로, 1969년의 아폴로 달 착륙, 1971년의 포켓용 전자계산기, 1975년의 디지털시계, 1982년의 우주왕복선 콜롬비아호의 시범성공 등을 들 수 있다. 그 중 디지털, TV, 그리고 컴퓨터가 포스트모더니즘의 발전에 준 영양을 보기로 한다.

특히 컴퓨터를 이용한 각종 신기술들이 다양하게 보급되면서 포스트모더니즘의 예술적 경향도 크게 영향을 받았다. 특히 컴퓨터는 일상생활은 물론 문화와 예술분야에도 예외 없이 그 영향력을 발휘했다. 전통적인 문화, 산업, 생산과정과 소비양식 등 사회 거의 모든 전 분야에 걸쳐 커다란 변화가 일어났고 특히 디자인과 예술분야에 커다란 발전을 이룩했다. 이 글에서는 컴퓨터와 디지털의 발전과 맥을 같이하고 있는 디자인, 즉 컴퓨터그래픽과 디지털 시대의 새로운 예술로 떠오른 디지털아트 그리고 인터넷을 중심으로 포스트모더니즘에 배경이 된 기술적 발전을 설명하려고 한다.

1. 디지털

디지털(digital)은 계수, 즉 숫자를 이용한 표현으로 정보를 처리하는 형식을 말한다. 디지털 회로(digital circuit)는 아날로그회로(analog circuit)에 대립되는 용어이다. 아날로그회로는 자연계의 물리량을 이에 비례하는 연속적인 전압 또는 전류 값으로 표시하는 아날로그 신호를 처리하는 회로를 말하며, 디지털회로는 아날로그 신호를 일정한 시간마다 샘플링(sampling)한 것의 진폭을 양자화하여 일정한 규칙의 펄스로 변환시킨 것을 말한다. 또한 디지털 신호는 처리하는 전자회로의 총칭을 의미한다. 디지털회로에서는 모든 신호를 일정한 진폭을 가진 펄스(pulse)의 유무에 따라서 1과 0의 두 종류의 논리 값의 조합으로 표시하여 처리하므로 잡음이 주는 영양을 현저하게 감소시킬 수 있어 불필요한 과정이나 과오를 효과적으로 저하시킬 수 있다. 그러므로 각종 수치형 계기, 펄스 계수기(pulse counter), 컴퓨터 등의 논리회로에 광범위하게 사용된다. 디지털 TV·디지털 오디오·디지털 비디오 카메라·디지털 카메라·디지털 방송 등이 그 예이다.

디지털 회로에 의해 기억 용량의 무제한과 커뮤니케이션의 광속화가 실현되게 되었다. 정보 통신 기술의 발전으로 컴퓨터는 멀티미디어로 발전되게 되었으며, 여기서 등장하게 되는 쌍방향성(interactivity)이란 개념은 문학·미술·음악 등 전반적인 영역에 응용되게 되었다.

문학에 있어서 하이퍼픽션(hyperfiction), 미술에서는 비디오 아트(video art), 그리고 음악에서는 집체창작(colective creation)의 형태로 발전되게 되었다.[17]

디지털의 급속한 발전은 사무처리의 신속화·정확화·자동화를 가능하게 했을 뿐만 아니라, 일상현황의 대중화·일반화의 선도적 역할을 담당하게 되었다. 특히 디지털 TV의 발

---

17) Robert Swanson, "Digital Technology," in *Lexicon Universal Encyclopedia*, Vol. 6 (New York : Lexicon Publications, 1996), p. 174.

전은 대중의 태도결정에 결정적인 영향을 주며 대중의 행동은 더 이상 하나의 일반적인 학문적 컨센서스(a general academic consensus)에 의해 지배 되도록 하지 아니하여 대중문화를 형성하여 포스트모더니즘의 사조가 이루어지게 되었다.[18]

따라서 "우리들은 영상(image)과 다른 경험의 질서(other orders of experience)간에 차이가 없는 포스트모던시대에 살고 있는 것이다."[19] 그 결과로 지역별·세대별·계층별 격차는 대중의 비판을 받게 되어 종래의 기계미학적 디자인은 배척과 거부의 대상이 되어 반디자인 운동의 기틀을 형성하게 되었다. 포스트모던시대에 와서 "차별은 더 이상 가용할 수 없는 것으로 되고 말았다(distinctions are no longer available)."

요컨대, 디지털기술의 발전은 사무처리의 신속화·정확화·자동화의 효과만을 가져 온 것이 아니라 일상생활의 대중화를 가져와 포스트모더니즘의 사조를 형성하게 되었다.

2. 컴퓨터

컴퓨터란 계산이나 데이터를 처리함에 있어 전자회로를 이용하여 자동처리하는 전자계산기(calculator)나 그에 상응하는 기계를 말한다.

---

18) Dominic Strinati, *An Introduction to Studying Popular Culture* (London : Routledge, 2000), p. 244.

19) J. Fiske, "Postmodernism and Television," in J. Curran and M. Gurevitch (eds.), *Mass Media and Society* (London : Edward Arnold, 1991), p. 58.

인간에 의한 최초의 계산은 지면에 몇 개의 작은 구멍을 파고 그 안에 나타내고자 하는 수만큼 조약돌 또는 뼈 조각 등을 넣거나 손가락을 사용하였던 것으로, 선사시대 사람들은 계산과 그 내용을 기록하기 위해 점토로 구운 석판을 고안하기도 했다.

그후 보다 진보된 인간의 계산은 1400년대에 다빈치(Leonardo da Vinci)의 치차식 계산기를 시작으로, 1624년대에는 0에서 9까지를 표시할 수 있는 10개의 톱니를 가진 톱니바퀴를 이용하여 가감산을 할 수 있도록 만든 파스칼(Blaise Pascal)의 계산기, 1670년대의 라이프니츠(Gottfried Wilhelm Leibniz)는 승산 기계 와 4칙연산이 가능한 계산기를 발명하였으며, 오늘날 컴퓨터에서 프로그래밍(programming)에 해당하는 일련의 명령을 해독하면서 자동적으로 계산을 실행하는 기계는 1812년 영국의 수학자 배비지(Charles Babbage)에 의해 계획, 계발되었으나 성공하지 못했다.[20]

초기의 컴퓨터는 현재의 PC처럼 작은 컴퓨터의 형태가 아니었다. 그 크기는 커다란 옷장 만큼이나 컸다. 전자(electron)의 발전이 이루어지지 않은 당시로서는 에디슨에 의해 발명된 진공관(vacuum tube)의 원리로 포리스트(de Forest, Lee)가 플레밍(Sir John Ambrose Fleming)의 도움을 얻어 발명한 3극진공관(triode)을 사용할 수밖에 없었고, 그래서 그 크기가 클 수밖에 없었다.[21]

---

[20] Brookshear J. Glenn, *Computer Science on Overview*, 7th ed. (New York : Pearson Education, 2003), p. 5.

[21] Frank Neville, H. Robinson, Edwin Kashy and Shaon McGrayne, "Electricity and Magnetism," in *The New*

진공관을 이용한 최초의 컴퓨터는 아이오아 주립대학(Iowa State University)의 물리학교수인 아타나소프(John V. Atanasoff)가 베리(Clifford Berry)의 도움을 얻어 1934년 IBM의 천공카드를 개조하여 5년 뒤인 1939년에 만든 컴퓨터의 원시 형태인 ABC (Atanasoff Berry Computer)이다.[22] 그후 1944년 하버드대학(Harvard University) 교수인 에이컨(Howard Hathaway Aiken)이 IBM(International Business Machines Corporation) 사의 후원을 얻어 우리가 최초의 컴퓨터라 부르는 ASCC(Automatic Sequence Controlled Calculator), 즉 MARK-1을 개발하였으며 MARK-1의 후속으로 1948년 1월 24일 ASCC의 후속 모델인 SSEC (Selective Sequence Electronic Calculator)이 발표되었다.

현대의 의미에서 볼 때 컴퓨터의 시초는 1946년 펜실베니아대학(University of Pennsylvania)에서 머클리(John W. Mauchly)와 에커트(John Presper Eckert)가 만든 에니악(ENIAC : Electronic Numerical Integrator And Calculator) 이었다.[23] 진공관 속의 전자의 흐름을 이용한 최초의 전자계산기인 에니악은 미군 탄도연구소와 군부의 강한 요청에 따라 1943년 4월 펜실베니아 대학의 학장인 브레이너(Brainerd, John)에 의해 제안되었으며 제작이 개시되었다. 이 계획의 고문 중에는 아인슈타인(Albert Einstein)과 함께

Encyclopedia Britannica, Vol. 18 (Chicago : The Encyclopedia Britannica Published, 1991), p. 194.

22) Harry Henderson, *Encyclopedia of Computer Science and Technology* (New York : Facts on File Science Library, 2003), p. 21 ; Brookshear, *op. cit., supra* n. 20, p. 5.

23) *Ibid.*, p. 170 ; Brookshear, *op. cit., supra* n. 20, p. 5.

1933년 프린스턴고급연구소(Princeton, Institute of Advanced Study) 최초의 종신연구원인 노이만(J. von Neumann)이 있었다.24)

에니악의 발표 이후 컴퓨터는 많은 연구소에 의해 제작되었으며, 1949년 영국의 캠브리지 대학(University of Cambridge)에서 모리스 윈키스(Maurice Winkes)에 의해 노이만의 "프로그램 내장 방식"(stored program system)을 채택한 컴퓨터 에드삭(EDSAC : Electronic Delay Storage Automatic Computer)이 발표되었다.25)

또한 명령어의 내부 기억장치가 디지털 형태라는 점과 2진수를 사용했다는 점에서 에니악과 차이가 있는 컴퓨터인 에드박(EDVAC : Electronic Discrete Variable Automatic Calculator)이 1952년 노이만에 의해 완성되었다. 에드박은 수은지연회로(mercury delay circuit, 水銀遲延回路)에 의한 전용 기억장치로 1,024어(語)의 기억용량을 가지고 있고, 저장된 자료 및 명령어에 의하여 연산을 실행할 수 있었다.26)

세계 최초의 상용 컴퓨터는 수은지연회로의 기억장치를 가지고 있고, 자기테이프(磁氣, tape)를 입출력장치로 사용한 스페리랜드사(Sperry Rand Corporation, 현재 유니시스사(Unisys Corporation))의 UNIVAC-I(universal automatic computer)으로 1951년에 머클리와 에커트에 의해 완성되었다.27) UNIVAC-I이 사용되기 시작한 이래로 현재까지 하드

---

24) *Ibid.*, pp. 126, 229.
25) *Ibid.*, p. 409.
26) *Ibid.*, pp. 21, 126, 170.
27) *Ibid.*, pp. 175, 232.

웨어(hardware) 부분에서의 컴퓨터의 발달과정은 몇개의 세대(世代)로 나누어 볼 수 있다. 제1세대는 진공관을 주요 소자(element, 素子)로 하는 컴퓨터로 1950년부터 57년까지이며, 제2세대는 1957년 노벨 물리학상(Nobel Prize in Physics)을 수상한 바딘(John Bardeen), 브래튼(Walter Houser Brattain) 및 쇼클레이(William Bradford Shockley)에 의해 1947년에 벨 연구소(Bell Laboratoris)에서 발명된 트랜지스터(transistor)와 다이오드(diode) 등의 반도체(semiconductor, 半導體) 소자를 사용한 컴퓨터로 57년경부터 64년경까지이고, 제3세대는 1960년대 중반의 컴퓨터 기술 분야에서 가장 진보된 기술인 집적회로(IC : Integrated Circuit, 集積回路)를 사용한 65년경부터 70년대 중반까지를 말한다.28) 또한 제4세대는 고밀도집적회로(LSI : Large Scale Integrated Circuit)와 초고밀도집적회로(VLSI : Very Large Scale Inte- grated Circuit) 그리고 마이크로프로세서(microprocessor)의 사용 이였다. 초고밀도집적회로는 하나의 실리콘(silicone) 조각에 수만개의 회로를 집적시킬 수 있는 것 이였으며, 마이크로프로세서의 등장은 프로세서의 가격을 급격히 하락시켰고, 이렇게 내린 가격 덕분에 모든 공업제품에 마이크로프로세서의 사용이 보편화된 것이다.29) 더구나 마이크로프로세서는 컴퓨터 소유에 있어서도 큰 혁명을 일으켰다. 그 장본인은 애플(APPLE) 컴퓨터로서 이시기에 컴퓨터의 대중화가 시작된 것이다.

---

28) Encyclopedia Britannica, *The New Encyclopedia Britannica*, Vol. 11 (Chicago : The Encyclopedia Britannica Published, 1991), p. 897.

29) Henderson, *op cit., supra* n. 30, pp. 234-236.

80년대에 접어들면서 사용자의 요구에 의해 5세대 컴퓨터로 불리우는 새로운 세대의 컴퓨터가 등장하였다. 그 새로운 컴퓨터의 개발 목표는 지식 정보 처리를 가능하게 하는 것으로 주어진 정보에 대해 이미 기억하고 있는 정보 혹은 지식에서 컴퓨터 자신이 문제의 해결 방법을 추측하면서 결론을 얻을 수 있는 "추론기능"(inference function, 推論機能)30)과 새로운 문제에 대응하는 내용을 고도로 활용할 수 있는 형태로 기억하는 "학습기능"(learning function, 學習機能), 문제의 대상 영역에 대한 정보 및 법칙성, 의미 등의 정보를 고도의 지식으로 활용할 수 있는 형태로 조직화해서 기억하고 검색할 수 있는 "지식 데이터 베이스 기능"(knowledge data base function),31) 그리고 자연 언어, 음성 입출력, 도형, 화상 등의 이용으로 유연하며 자연스러운 회화 능력을 실현하기 위한 "지적 인터페이스 기능"(intelligent interface function)32)이 그것이다.

한편, 1982년 4월에 제5세대 컴퓨터의 연구 개발을 추진하는 모체로서 "신세대 컴퓨터 개발 기구"(ICOT : Institute for New Generation Computer Technology)가 발족되어 많은 연구 성과가 있었다.

이렇듯 반세기에 걸친 컴퓨터의 발전은 빠른 속도로 발전되어 왔고 컴퓨터의 발전은 인간 생활에 있어서 커다란 변화를 주었던 것이다. 현재 제6세대라고 불리워지는 멀티미

---

30) Hossein Bidgoli, *Encyclopedia of Information Systems*, Vol. 2 (London, Academic Press, 2003), pp. 244, 284.

31) *Ibid.*, p. 279.

32) Hossein Bidgoli, *Encyclopedia of Information Systems*, Vol. 3 (London, Academic Press, 2003), p. 153.

디어(multimedia)와 인터넷(internet)의 시대가 진행 중이며, 7세대는 인공지능을 겸비한 컴퓨터의 시대가 도래될 것이다.

위에서 살펴본 바와 같이 컴퓨터 기술은 몇 세대의 변화를 겪었다. 그것을 다시 정리해 보면 컴퓨터 구조면에서는 1960년대 초에 다중처리장치(multiprocessing system)구조가 출현했으며, 1971년에 전자 기술의 발달로 인해 컴퓨터 부품은 진공관에서 초고밀도집적회로(VLSI)로 급격하게 변천하여 마침내 마이크로프로세서가 개발되었다. 1950년대 말에 출현한 컴퓨터 통신망은 1960년대 말부터 깊이 있게 연구되었고, 1970년대에 들어와 근거리 정보 통신망인 랜(LAN : Local Area Network)이 널리 사용되기 시작했다. "운용체제"(operating system : OS) 면에서는 1950년대 "일괄처리 운용체계"(batch process operating system)가 개발되었고, 1960년초에는 "다중프로그래밍 운용체계"(multiprogramming operating system) 및 "시분할 운용체계"(timesharing operating system)가 출현하여 1960년대말 이들이 결합되었다. 1950년대 말에 출현한 "데이터베이스 시스템"(database system)에 대한 연구는 1970년 "관계형 데이터베이스"(relational database)의 모형발표로 이어졌고,[33] 이러한 변화로 1962년에 스텐포드대학교의 학과에 처음으로 컴퓨터가 설치되었던 일은 전문 학술 분야로 자리잡은 컴퓨터 과학 발달에 의한 것이었으며 또한 컴퓨터 과학 발달을 자극한 것이었다.

프린스턴대학의 Digelles Allen은 컴퓨터에 의한 "거대한

---

33) *Ibid.*

지적 혁명"(a massive intellectual revolution)은 중세로부터 근대세대를 구분한 것과 같이 위대한 것이다"라고[34] 말하였다. 컴퓨터의 급속한 발전에 따라 사무는 자동화 되게 되었고, 제품의 생산·유통·저장·판매의 모든 과정이 자동화 되게 되어 생산은 노동집약적인 것에서 자본집약적인 것으로 전환되었고, 노동임금은 상승되게 되었다. 여유를 갖는 일반 근로자는 대중문화 형성에 원동력이 되었으며, 애드워드(Gene Edward Veith)는 그의 저서 "포스트모던 타임"에서 실로 "컴퓨터는 포스트모던 경제를 상징하고 있다(the computer symbolizes the postmodern economy)."[35]라고 말하였다.

이와 같이 컴퓨터의 발달은 사무처리과정을 신속화·정확화·자동화 하였을 뿐만 아니라 자본주의 생산 과정을 기계화·자본집약화 하여 근로자로 하여금 대중문화 형성에 참여하게 하여 포스트모더니즘 사조를 형성하는 배경이 되었다. 뿐만 아니라 포스트모더니즘의 사조를 형성한 컴퓨터는 이제는 포스트모던 이상(the postmodern ideas)을 증폭시키고(amplified)있다.[36]

20세기 중반 컴퓨터와 디지털의 발전은 아날로그[37]적인

---

34) Diogenes Allen, *Christian Belief in a Postmodern World* (Louisville, KY : Westminster/John Knox Press, 1989), p. 2.

35) Gene Edward Veith, *Postmodern Times* (Wheaton, IL : Crossway Boaks, 1994), p. 27.

36) *Ibid.*, p. 72.

37) 연속적으로 크기가 변화하는 물리량이나 데이터. 디지털량(digital quantity)에 반대되는 개념이다. 아날로그계기(計器)에서는 선형증폭기를 사용해 물리량의 변화에 따른 눈금의 움직임으로 측정값을 나타낸다. 초기에는 전자회로에서도 아날로그 형태로 신호를 처리하는 것이 보통이었으

디자인에서 디지털화된 디자인으로 디자인의 형태를 급속히 변화시켰다. 즉 산업화시대의 디자인이 외적인 속성을 중시하면서 인간중심의 디자인을 표방했다면, 후기산업사회는 다양한 미디어를 사용하는 정보화 시대로 인간의 가치가 무엇이며 인간적 속성을 얼마나 잘 반영해 정확하고 빠른 정보를 제공하는 것이 관건이었다. 특히 디자인 분야에서 컴퓨터그래픽을 주축으로 하는 디지털 미디어가 디자인 부분에 중요한 위치를 차지하면서 디지털아트라는 새로운 개념의 미술이 생성되었다.

이렇듯 반세기에 걸친 컴퓨터의 빠른 발전은 인간 생활에 있어서 커다란 변화를 야기했다. 컴퓨터의 발전과정을 시대별로 분류38)했을 경우 현재는 제6세대라고 불리워지는 멀티미디어(multimedia)와 인터넷(internet)의 시대가 진행 중이다. 하이퍼미디어를 사용해 구축된 인터넷은 디지털 미디어의 대표적인 현상으로 디지털의 급속한 발전은 빠른 속도의 인터넷을 실현했고 이로 인해 사무처리의 신속화, 정확화, 자동화를 구현했으며 나아가 무선통신의 급속한 발전을 가져와 핸드폰과 무선인터넷을 통해 일상현황의 대중화, 일반화의 선도적 역할을 담당했다. 각종 정보를 수집하고 다른

나, 현재는 디지털신호로 바꾸어 처리하는 것이 보편화되어 가고 있다. 아날로그신호는 미세한 변화까지 나타낼 수 있다는 장점이 있으나, 반면 잡음(noise)이 끼어들기 쉽다는 단점이 있는 것이 큰 이유이다.

38) 1세대 1946년부터 50년대 후반　　　　　　진공관
　　2세대 50년대 후반부터 60년대 중반　　　트랜지스터
　　3세대 60년대 중반부터 70년대 중반　　　직접회로(IC)
　　4세대 70년대 중반부터 80년대 중반　　　고밀도직접회로(LSI)
　　5세대 80년대 중반부터 90년대 중반　　　초고밀도직접회로(VLSI)
　　6세대 90년대 중반부터 현재　　　　　　　인공지능히대(ID)

사람과 의견을 교환하며 정보를 검색하고 인터넷을 이용하기 위해 여러 가지 디지털 미디어를 사용하는 사람들로 인해 10여년 밖에 되지 않은 짧은 역사를 갖고 있는 인터넷이 사회에 키친 영향은 산업혁명에 버금가는 효과를 자아내고 있는 것이다. 인터넷이 본격적으로 보급되기 시작한 것은 90년대 중반으로 과거 전화나 TV의 보급 속도와 비교가 되지 않을 정도로 PC와 인터넷의 확산 속도는 빨랐으며 더 나아가 인터넷의 속도는 속도 하나로 가치가 되었다.

이미지의 시대라고도 부르는 디지털 시대는 문화적 변화의 선도적 역할을 하고 있는 영화, 광고, 애니메이션 등의 영상문화산업과 마찬가지로 인터넷과 컴퓨터가 주도하는 미술문화의 영역에도 예외가 아니며 디지털 아트는 1960년대 이후 미술계에 빠른 속도로 수용되었다. 이러한 디지털 아트는 사이버상에 가상 미술관을 만들어 냄으로써 제한된 공간에서 제한된 시간에만 가능했던 전시문화에 커다란 변화를 가져왔다. 이러한 현상은 단지 전시공간의 확장이나 소통 범위의 확대에 그치지 않고 미술문화의 지형과 형질, 그리고 창작의 조건과 제도적 토대를 근본부터 변화시켰다. 이제 순수미술의 표현영역을 컴퓨터를 활용해 이미지화하는 경우는 평상적인 현상이 되었으며, 디지털 사진의 등장은 전통적 사진미학을 급진적으로 부정하는 사진계의 뜨거운 감자로 부각되었고 이제 아날로그 프로세스만을 고집하는 작가는 거의 없을 정도로 디지털 테크놀러지는 광범하게 사용되어 왔다. 인터넷을 활용한 창작의 급격한 확산은 디지털아트를 대상으로하는 인터넷 국제공모전과 "웹 아트 프로젝트"라고 할 만한 작업들을 다수 양산시켰다. 이러한 것들은 순수미술

뿐만 아니라 사진과 디자인, 만화와 애니메이션, 광고와 영상이 뒤섞여 있음으로 작품에 대한 분석이나 형식적 접근자체를 불가능하게 만들었다. 즉 웹에서의 디지털 아트는 예술영역의 범주나 장르의 개념으로 설명하기 힘들며 이런 작업에서 작가는 시각 이미지의 수집자이자 편집자이고 전시의 기획자이자 연출가일뿐 개인적 작업을 행하는 창조자는 아닌 것이다.

예술매체로서 인터넷의 강점은 역동적인 상호작용성과 무제한적 확장성이다. 나아가 인터넷의 실시간적 즉시성과 개방성은 시공간의 물리적 제약을 완전히 극복한 새로운 소통양식을 제공했다. 그러나 작품에 대한 직접적 체험의 풍부함을 담보해주지 못한다는 점에서 예술매체로서 인정하기 어려운 점도 존재하고 있다. 즉 디지털의 발전에 의한 사회적 현상은 대중의 태도결정에 결정적인 영향을 주며 대중의 행동은 더 이상 하나의 일반적인 학문적 컨센서스에 의해 지배 되도록 하지 아니하여 대중문화를 형성함으로써 포스트모더니즘의 사조가 이루어지게 되었으며[39] 우리는 영상과 다른 경험의 질서간에 차이가 없는 포스트모던시대에 살고 있는 것이다.[40] 그 결과 지역별·세대별·계층별 격차는 대중의 비판을 받게 되어 종래의 기계미학적 디자인은 배척과 거부의 대상이 되어 반디자인 운동의 기틀을 형성하게 되었다. 포스트모던시대에 와서 차별은 더 이상 가용할 수 없는

---

[39] Dominic Strinati, *An Introduction to Studying Popular Culture* (London : Routledge, 2000), p. 244.

[40] J. Fiske, "Postmodernism and Television," in J. Curran and M. Gurevitch (eds.), *Mass Media and Society* (London : Edward Arnold, 1991), p. 58.

것으로 되고 말았다.

  컴퓨터의 급속한 발전에 따라 사무는 자동화 되었고, 제품의 생산, 유통, 저장, 판매의 모든 과정이 자동화 되었으며 생산은 노동집약적에서 자본집약적으로 전환되었고, 노동임금은 상승되었다. 여유를 갖게된 일반 근로자들은 대중문화 형성에 원동력이 되었다.[41]

  이와 같이 컴퓨터의 발달은 사무처리과정을 신속화·정확화·자동화 하였을 뿐만 아니라 자본주의 생산 과정을 기계화·자본집약화 하여 근로자로 하여금 대중문화 형성에 참여하게 하여 포스트모더니즘 사조를 형성하는 배경이 되었다. 뿐만 아니라 포스트모더니즘의 사조를 형성한 컴퓨터는 이제는 포스트모던 이상(the postmodern ideas)을 증폭시키고(amplified)있다.[42]

III. 예술적·문화적 형성배경

  1960년 사회적 그리고 기술적 변화는 예술, 문화영역에도 커다란 변화를 초래했다. 특히 다양한 대중매체의 출현과 소리문화의 확산은 인류에게 문화적 이미지를 새로운 매체를 통해 느끼도록 허용했고, 그에 따라 일상생활의 기호화가 증가되었으며 개인적, 사회적 공간은 상대적으로 확대되었다. 그리고 대중매체의 역할 증대로 예술적, 문화적 부분에서 모더니즘에서 소홀히 했던 개념과 양식들이 새롭게 등장했다.

---

41) Gene Edward Veith, *Postmodern Times* (Wheaton, IL : Crossway Boaks, 1994), p. 27.

42) *Ibid.*, p. 72.

이러한 가운데 대중문화도 점차 확산되었다.

대중문화란 라디오나 TV방송, 출판사, 레코드회사, 영화사, 여행사 등 수많은 대중매체를 통해 형성되는 문화를 의미한다.43) 이는 한편으로는 증가하는 노동생산성을 통해 가능하게된 여가(餘暇)의 증대와 다양한 대중매체를 통해 사회 다양한 계층들이 문화를 향유할 수 있도록 여건을 제공한 복지의 증대에 무엇보다도 기원이 있다. 또한 현대 사회에 들어오면서 일반적으로 획득가능하고 보편화된 문화적 제화의 상품적 특성에 기인하는 것이다.44) 1960년대 이후 이러한 대중문화의 양대 조류로서 포스트모더니즘의 예술적, 문화적 형성에 지대한 역할을 한 팝아트와 개념미술을 들 수 있다.

1. 팝아트

가. 팝아트의 어원과 배경

팝아트의 "pop"이라는 명칭은 "popular"의 약자이며 일상생활에 범람하는 기성의 이미지에서 제재(題材)를 취했던 이 경향의 특징을 압축적으로 표현한 통속적인 이미지를 뜻한다.45) 역사적으로는 1954년 영국의 미술평론가인 로렌스 알

---

43) Richard Shusterman, "Popular Art," in David E. Cooper (ed.), *A Companion to Aesthetics* (Oxford : Blackwell. 1992), pp. 336-37.

44) Lawrence Alloway, "The Art and The Mass Media," in Charles Harrison and Paul Wood (eds.), *Art in Theory, 1900-1990* (Oxford : Blackwell, 1992), p.701.

45) Laurie Schneider Adams, *A History of Western Art* (New York :

로웨이(Lawrence Alloway)가 처음으로 팝아트라는 용어를 사용했으나 그 이전에도 이미 팝아트의 징후는 나타나고 있었다.46) 1949년 사진의 표현적인 힘에 흥미를 가졌던 베이컨(Francis Bacon)은 회화와 사진과의 결합을 처음으로 시도하면서 시각적 이미지를 화면에 표현하기 시작했다. 이러한 베이컨의 작업은 팝아트의 형성에 중요한 영향을 끼쳤으나 베이컨은 팝아트와 실질적인 관련은 없었다. 이후 1954-1955년 겨울에 발표된 영국의 젊은 작가들의 공동작품 및 그것과 관련된 토론에서 팝아트란 말이 사용되기 시작했다. 또한 1956년 영국의 화이트채플 화랑에서 열린 "이것이 내일이다"47)라는 전시에서 영국에서 만들어진 최초의 팝아트 작품이 발표되었다. 해밀턴(Richard Hamilton)은 당시 산업사회의 시각 이미지라고 할 수 있는 각종 광고 이미지들을 꼴라쥬해 《오늘의 가정을 그토록 색다르고 멋지게 만드는 것은 무엇인가?》라는 작품을 제작했는데 이 작품은 오늘날 팝아트의 선구적 작품으로 알려지고 있다.48) 이 작품에서 나타나고 있는 대중문화 이미지-텔레비전, 녹음기, 확대된 만화표지, 스트리퍼, 육체미선수, 자동차 앰블렘, 진공청소기 등은 산업사회의 달라진 삶의 형식을 반영한 것으로써 베를린 다다의 게오르게 그로츠나 오토딕스 처럼 현실

McGraw Hill., 1997), p. 508.

46) H. H. Arnason, *History of Modern Art* (Englewood Cliffs : Prentice-Hall, INC., 1995), p. 575.

47) Adams, *op. cit., supra* n. 45. p. 508.

48) H. W. Janson, *History of Art,* 5th ed. (New York : Harry N. Abrams, 1995), p. 805.

에 대한 비판과 풍자로서가 아니라 집요하고 성실한 관찰 속에 발견해낸 소비사회의 이미지를 의미했다. 이 작품 속의 육체미선수가 쥐고 있는 사탕 포장지에 새겨진 "POP"이란 글에 착악해 앨러웨이가 60년대 뉴욕으로 옮아간 한 무리의 미국작가 작품을 총칭해 "팝아트"라고 부름으로써 이 명칭이 정착되었고, 1958년 「건축디자인」2월호에 실린 자시늬의 논문 "미술과 대중매체"에서 처음 사용되었다. 원래 팝아트는 매스컴이 지배하는 대중문화가 나타나면서 대중예술을 가르키는 편리한 명칭에 지나지 않았다.49) 그 후 1962년 알로웨이가 그 의미를 확대시킴으로써 팝아트는 대중적 이미지를 순수미술의 문맥 안에서 사용하려는 미술가들의 활동을 칭하는 단어가 되었으며, 1965-66년에 이르러서 팝아트는 어떤 예술운동의 이름이라기 보다는 속어처럼 변용되어 패션, 영화, 실내, 장식물, 도시등 광범위하게 적용되었다. 이런 점에서 팝아트는 엄격히 말해서 운동이라기 보다는 하나의 경향과 현상이라고 할 수 있다. 그것도 영국과 미국이라는 두 지역, 구체적으로 지적한다면 런던과 뉴욕을 중심으로 서로 다른 환경과 비평적 풍토에서 출발하고 있는 것이다.

팝아트는 추상표현주의(expressionism)가 성공을 거둔 후 그 고정관념을 초월한 사조로써 원래 1950년대 초 영국에서 출발했으나 미국에서 성공한 예술로써 1960년대 초 미국에서 활발히 전개되었다. 특히 미국에서는 형상적 회화의 양식50)으로 순수미술 분야와 특히 신문만화나 광고 포스터와

---

49) Arnason, *op. cit., supra* n. 46. p. 575.

[그림 3-1] 리처드 해밀턴, 오늘의 가정을 그토록 색다르고 멋지게 만드는 것은 무엇인가?, 1956

같은 상업미술의 장르로부터 추구되어 확대된 형과 이미지들로 특정지을 수 있다. 예를 들면 특히 미국을 상징하는 코카콜라, 마릴린 몬로의 얼굴, 미키 마우스 등 대중적 이미지를 차용한 미술로서 인기가 높았다. 즉 추상표현주의의 주관적 엄숙성에 반대하고 순수미술의 반전과 대중적 통속이미지를 통합시키면서 매스 미디어와 광고 등 대중문화적 시각 이미지를 미술의 영역 속에 적극적으로 수용했던 구상미술의 한 경향으로 일반사회의 환경을 미술로 수용한 예술사조인 것이다. 결국 팝아트는 제2차 세계대전 후 기술 발달에 의한 대량생산, 대중전달 수단이 낳은 생활양식, 사고의 획일화와 평준화, 기업의 팽창으로 인한 관리통제 기술의 발달이 초래한 조직의 거대화, 복잡화, 관료화, 정치적인 평등 등에 의해 종래의 사회계층이 변화하면서 나타났다.

나. 팝아트의 두주류

1) 영국에서의 팝아트

1952년 런던의 현대미술연구소에서 젊은 화가, 건축가, 조각가, 비평가, 디자이너들이 이른 바 인디펜던트 그룹을 결성해 대중문화가 지닌 가능성을 토론하는 가운데 반미학적 흐름을 나타나기 시작했다. 이런 움직임은 "새로운 야만주의"으로 불렸으며 해밀턴, 하크니(David Hackney), 파올로찌(Eduardo Paolozzi), 키타이(Ronald Brooks Kitaj), 필립스(Piter

---

50) Adams, *op. cit., supra* n. 45. p. 508.

Philips), 존스(Alan Jones)와 같은 많은 팝아트 작가들이 이 그룹에서 배출되었다.51) 영국의 팝아트는 기존 관념과 반대의 입장에선 미학으로 출발했다. 영국에서 나타난 팝의 미학은 각양각색 화가들에 의해 여러 가지 형태로 적용되어 사회에 대한 비판적 의도를 내포하고 기존의 규범이나 관습에 대해 비판적이라는 점에서 다다이즘과의 근친성을 보여주었다. 이러한 과정에서 팝아트는 회화적 추상미술과 구상미술의 부활로 취급되었다.

또한 영국의 팝아트는 미국의 경우보다도 양식적인 관점에서 분류가 어렵다고 할수 있다. 예를 들어, 1956년 재작된 해

[그림 3-2] 해밀톤, 인테리어, 1964

---

51) Arnason, *op. cit., supra* n. 46. p. 577.

밀턴의 《오늘의 가정을 그토록 색다르고 멋지게 만드는 것은 무엇인가?》와 1964년 《인테리어》에서 나타나듯, 해밀턴은 엄밀성, 흥분의 배제, 다른 팝 작가에게서는 찾아볼 수 없는 냉소적인 위트 등의 특징을 지니고 있었다. 특히 해밀턴이 바람직한 예술의 성질로 열거한 순간적, 대중적, 대량생산적, 청년문화적, 성적(性的), 매혹적인 특성 등은 현대 대중문화의 속성을 그대로 압축해 놓은 것이었다. 그의 작품은 각각 하나의 개념의 구현이었고, 개념 자체가 물질적 형태를 지배하고 있었기 때문에 작품간에 양식상의 일관성이 없었다. 따라서 알로웨이가 영국에 있어서의 "대중문화"라고 말한 것은 미국과는 상이한 문화적 계급을 의식한 것이다

나) 미국에서의 팝아트

1960년대 초 팝아트는 런던보다 뉴욕을 중심으로 전개되었다. 팝아트가 영국이 아닌 미국에서 기반을 내릴 수 있었던 것은 당시 뉴욕이야말로 개방적이고 미래 지향적이면서 매스 미디어에 의한 매스 커뮤니케이션을 특색으로 하는 대중소비 정보사회가 형성되었기 때문이다. 미국에서의 팝아트는 1950년대 초기 미국 화단을 휩쓸었던 추상표현주의의 애매하고 환영적(幻影的)인 형태와 주관적인 미학에 대한 반동으로 발생했다. 팝이 뉴욕화단에 공식적으로 선보였을 때 많은 예술가들은 이러한 형태의 미술을 수용하길 거부했다. 거기에는 역사적 이유가 있었다.[52] 이 시기는 미국내에서 일어난 양식으로서 최초로 국제적 명성을 획득하는데 성공

---

52) Adams, *op. cit., supra* n. 45. p. 509.

한 극도의 추상성을 지닌 고급 미술로서 추상표현주의가 확고부동하게 뿌리를 내리고 있었기 때문이었다. 따라서 팝에 대한 최초의 반응은 평론가들로부터 많은 항의와 비난, 놀라움과 혐오, 그리고 거부이었다. 그러나 팝아트의 대중적인 속성때문에 팝아트는 오히려 쉽게 인식되었고 수집가들의 수집대상이 되었으며, 주요 작가들은 짧은 시간에 성공을 거두웠다. 이중 가장 성공적인 팝 아티스트인 존스(Jasper Johns)와 라우션버그(Robert Rauschenberg)는 추상표현주

[그림 3-3] 존스, 표적 1955

의의 양식을 사용하면서 이미 50년대 중반부터 각종 대중문화적 이미지를 활용했다53).

 이들은 18-19세기의 사실주의자들과 달리 단순히 묘사하거나 민속문화로부터 형식을 빌려오는 것이 아니라 부정적이기보다는 적극적인 태도로 현실세계에 접근해 물질문명으로 형성된 생활환경을 가볍고 무비판적으로 반영했다. 다시

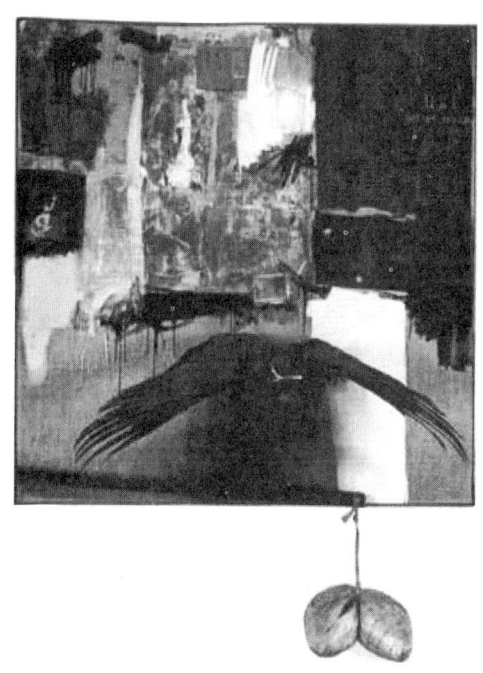

[그림 3-4] 라우션버그, 캐년, 1959

---

53) Arnason, *op. cit.*, *supra* n. 46 p. 580.

말해 팝아트는 그 시대의 현실과 친밀한 관계를 유지하고 외적인 현실을 긍정하며 현실의 변화에 추종하는 것으로 종래의 순수예술이 소외하던 일상의 생활의 이미지들을 표현했던 것이다. 즉 팝 예술가들의 공통된 의식은 현실에 바탕을 두고 현실에 대한 긍정과 신뢰이며 일반적으로 스타일이 없으며 특정한 범주에 속해 있지도 않았다. 최소한의 정의를 요구하는 리얼리즘은 예술가의 공간에서의 대상시각과 관련 있고 도상적 이거나 기호로서 해석되는 반면, 팝아트는 예술가가 작품을 제작하기 이전에 이미 관객들이 그 주제를 알고 있는 것으로써 스프 깡통, 먼로(Marilyn Monroe)와 코카

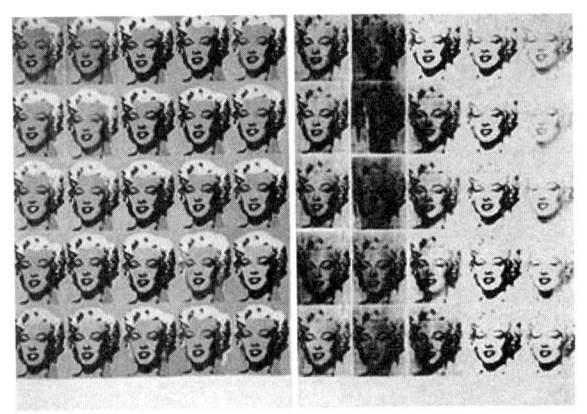

[그림 3-5] 워홀, 마릴린 먼로, 1962

콜라의 상을 되풀이 늘어놓은 워홀(Andy Warhol), 만화를 인쇄의 그물눈마다 확대한 듯한 리히텐스타인 (Roy Lichtenstein)의 만화, 헝겊으로 거대한 햄버거나 아이스크림 콘을 만든 올덴버그(Claes Oldenburg)의 작품들은 상표에 의해서도 스타일에 의해서도 일반인들이 쉽게 이해할 수 있었다.

이렇듯 팝 화가들의 표현은 인상주의 혹은 자연을 대상으로 하는 직접적 작업 방식을 따르지 않고 인공적으로 구축된 빌딩과 실내, 도로표지판, 신호물, 광고, 신문, 라디오와 텔레비전 방송 등 대중적 삶, 도시 안에 갇혀서 자연으로부터 소외된 인간들의 색조와 이미지를 보여주었다. 실제로 팝아트의 가장 중요한 점은 환경의 의미를 이해하고 주변 환경에서 나타난 부산물 또는 생활양식의 자연스러운 결정체라고 할 수 있다. 즉 팝아트는 작품은 예술작품을 생산하는 것이 아니라 환경의 논리를 받아들이는 점에 있었다.

다. 팝아트의 특성

1960년대 출현한 팝아트의 특징을 한마디로 집약한다면 개방과 비개성이었다. 특히 팝아트는 표현 기법의 보편화, 형상의 복제, 이미지의 대중화에 의해 예술을 개인적인 예술에서 대중적인 예술로 개방시켰다. 특히 영국과 미국에서 나타난 팝 이미지는 대중적 이미지인 광고, 상표, 만화, 영화 등을 받아들이는 현대 인간의 감수성을 의식화한 것이다. 또한 워홀이 1962년 발표한 작품인 마릴린 먼로는 기성 상품이나 특정 스타의 얼굴 등을 똑같은 이미지로 기계의 힘을

빌어 자주 반복해 배열하는 기법으로, 특정한 상품이나 이미지는 어떤 개인의 독자적 절대적인 영역이 아닌 복제 가능하다는 것을 나타내는 작품이었다.54) 이와 같이 팝아트 작가들은 손으로 하는 작업을 기피하고, 소재를 선택하고 실크스크린 판을 만든 뒤 적당한 색깔로 찍어내는 작업을 반복한다. 이러한 제작 과정을 거쳐 나타난 작품은 누구의 작품인지 분간할 수 없을 정도로 비개성적이다. 또한 팝아트의 작가들은 대중문화를 공개적으로 이용하고 모더니즘의 고급예술을 의식적으로 기피했기 때문에 팝아트 작품에서 대중문화에 대한 경계와 매혹을 동시에 볼 수 있는 특징이 있다. 그 한 예로 로이 리히텐스타인의 작품중 전형적인 리히텐스타인 풍의 그림인 《꽝》 이라는 작품을 예로 들고자 한다.

[그림 3-6] 리히텐슈타인, 꽝, 1963

---

54) Janson, *op. cit., supra* n. 47, p.808.

미국의 신문 혹은 잡지에서 흔히 볼 수 있는 만화의 기법을 차용한 이 그림에는 두 대의 전투기가 맞붙어 그 중 하나의 전투기가 파괴되는 장면이 그려져 있다. 이 작품은 분명 전쟁의 비참함과 공포라는 주제를 담고 있음에도 불구하고 신문만화 특유의 매끄러운 선과 선명한 색채가 더욱 번득이고 있다. 이 작품 앞에서 잠시 당황하지 않을 수 없는 이유는 결과적으로 이 작품에서 들어나는 사실이 전쟁의 공포가 아니라 대중문화에 대해 우리가 가지고 있는 태도이기 때문이며 리히텐슈타인은 우리가 바라보는 세계는 바로 대중문화를 경유해서만 나타난다는 것을 표현하고 있는 것이다. 리히텐슈타인은 이 작품에서 그러한 현실을 비판하고 있는 것도 아니며 어떤 다른 대안도 제시하지 않음으로써 대중문화의 승리를 수동적으로 찬양하고 있다.[55] 다시 말하면 매혹과 비판이라는 이중성이 리히텐스타인 뿐 아니라 팝아트를 규정짓는 특성이라고 할수 있다.

라. 팝아트의 작가들

가) 로버트 라우션버그(Robert Rauschenberg)

라우젠버그는 1925년 미국의 텍사스주에서 태어나 1946년 캔자스 시립 미술 학교에서 그림을 배운 뒤 파리의 쥘리앙 아카데미에서 공부했다. 1948년 블랙마운틴 대학을 수료한 뒤 1952년 교편을 잡으면서 추상표현주의의 영향 아래 참신한 작품들을 발표했다. 1953년 이후부터는 화면에 오브제를

---

55) *Ibid.*, p.806.

[그림 3-7] 라우젠버그, 추적자, 1963

붙이고 색채를 거칠게 붓으로 그려넣은 콤바인 회화를 만들어 추상표현주의로부터 이탈하기 시작했다. 이러한 라우젠버그의 제작기법을 앙상블라쥬(Assemblage) 혹은 콤바인 페인팅이라고 한다.[56] 앙상블라쥬란 여러 가지를 모아서 만든다는 의미이며, 그가 만들어낸 콤바인 페인팅 역시 상이한 재료들을 결합시킨 회화라는 뜻이다. 이 기법은 칠하거나 붙이거나 설계하거나 조각하는 방법 대신 자면적 재료나 대량

---

56) Arnason, *op. cit., supra* n. 46. p. 579.

생산된 재료들 이를테면 이불, 신문조각, 잡지, 타이어들을 모으는 방법으로 만들어진 것이다. 1963년 이후 라이젠버그는 실크스크린 기법을 이용한 독특한 회화를 다수 제작했다.57) 예를 들면 작은 캔버스 대신에 공간에 붓으로 색채를 표현하기 보다는 네온관에 의한 빛을 도입하거나 독특한 표현기법을 확립해 팝아트의 중심적인 존재가 되었다.

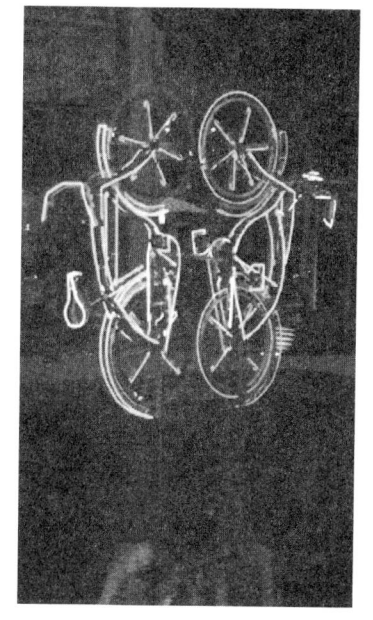

[그림 3-8] 라우젠버그, 자전거, 1960

나) 워홀(Andy Warhol)

미국 팝아트를 대표하는 화가인 워홀은 고고한 예술가의 이미지 대신 대중적 인기 스타 처럼 인기를 누렸던 순수미술과 상업미술의 결합인 1960년대 팝아트의 대명사와 같은 작가이다. 그는 만화의 한 컷, 보도사진의 한 장면, 영화배우의 브로마이드 등 매스미디어의 매체를 현대의 대량소비문화에 맞추어 실크스크린으로 캔버스에 전사(轉寫) 확대하는 수법으로 대중적 이미지와 반복적 이미지를 보여주는

---

57) Adams, *op. cit., supra* n. 45. p. 510.

예술 형태를 선보였다.58) 1960년대 초 그는 세계는 생산된 제품일 뿐이라는 메시지로 미술계를 술렁거리게 만들었다. 그것은 밝고 조야한 색채를 한 요부들의 야한 이미지와 켐벨 수프깡통 이미지의 실크스크린 작품으로 마릴린, 엘비스, 브릴로 등 모든 것이 판매를 위한 생산라인 이미지로 격하될 수 있다는 것을 의미했다.59) 이 작품은 광고미술에서 출발한 앤디 워홀의 작품에 상업미술이 도입된 것을 잘 보여주고 있다. 전형적인 팝 아트의 도상인 《채색 캠벨 스프 깡통》은 공장생산된 캠벨 스프 깡통을 아무 배경 묘사없이 이미지만 단독으로 전면에 확대 묘사함으로써 통상적으로 실물 제품의 색상(붉은색과 흰색)을 그대로 이용한 다른 작품과는 달리 대비가 강한 색상들로 다양한 배색이 시도되었다는 점에서 작가의 조형적인 가필이 많이 느껴지며 차별화된 느낌

[그림 3-9] 워홀, 캠벨스프깡통, 1965

---

58) Janson, *op. cit., supra* n. 47, p. 807.
59) Adams, *op. cit., supra* n. 45. p. 512.

을 주었다.

또한 대중적 영화 포스터에 익숙해져 있는 대중이 섹스의 상징 먼로의 다양한 모습을 볼 수 있게끔 한다는 차원에서 여러 유명한 영화배우의 사진 이미지를 이용해 대중성을 강조했다. 워홀의 이러한 작업은 1960년대 대중문화에서 미술의 주제를 취하면서 소모품처럼 값싸고 신속하게 복사할 수 있다는 것을 보여 주었다. "나는 원래 상업미술가로 시작했

[그림 3-10] 워홀,
오랜지 마를린, 1962년

는데 이제 사업미술가로 마무리 하고 싶다. 사업과 연관된 것이 가장 매력적인 예술"60)이라고 언급한 것에서 볼수 있듯이 그는 미술을 오락적, 일상적 상품으로 취급해 대중문화의 시대상을 가장 효과적으로 반영한 것으로 평가받고 있다.

[그림 3-11] 워홀, 코카콜라병, 1962

다) 리히텐스타인(Roy Lichtenstein)

[그림 3-12] 리히텐스타인, 내 머리에서 떠나지 않는 그 멜로디... 1965

---

60) *Ibid.*

[그림 3-13] 리히텐스타인, 아폴로신전, 1964

리히텐스타인(Roy Lichtenstein)은 1960년대 초 인쇄미디어의 망점(網點: dot)까지 그려넣어 미국의 대중적인 만화 이미지를 주제로 작품을 발표함으로써 매스미디어의 이미지를 매스미디어 방법에 준하여 묘사한 전형적인 팝아트 작가로

[그림 3-14] 리히텐스타인, 바로크로 간다, 1979

평가받고 있는 인물이다.61) 리히텐스타인은 값싼 만화가 인쇄되는 제판 과정에서 생기는 망점을 세밀하게 재현해 사물을 확대하는데 만화의 형식, 주제, 기법등을 그대로 사용했다. 그의 작품은 1970년대에 이르러 피카소와 레제, 그리고 미래주의(futurism) 등 모던 아트의 명작과 고대 그리스의 신전건축과 정물화 등으로 주제를 확대했다. 이러한 작품들은 미국이라는 하나의 이념적 상징을 만화 한 컷으로 표현한 스틸이었다.

라) 크레스 올덴버그(Claes Oldenburg)

크레스 올덴버그(Claes Oldenburg)는 1929년 스웨덴의 스톡홀롬에서 외교관의 아들로 태어났다. 아버지가 영사관이었던 관계로 그는 어린시절을 뉴욕, 오슬로, 시카고에서 보낼 수 있었다.62) 어린 시절 영어에 익숙하지 않았던 올덴버그는 만화책을 주로 보았는데, 이때 본 만화의 이미지들이 나중에 그의 조각의 주제가 되기도 했다. 시카고 미술대학에 진학했지만, 시카고가 예술작업을 하기에 적당한 곳이 아니라고 생각한 그는 1956년 6월 뉴욕으로 갔다. 올덴버그는 1961년까지 파트타임으로 쿠퍼유니온 도서관(Cooper Union Library)에서 책을 정리하는 일을 하면서 와토(Jean-Antoine Watteau)와 티에폴로(Giovanni B. Tiepolo)의 드로잉을 연구하는 등 다독할 기회를 갖기도 했다.

1958년부터 그는 무대예술에 관심을 갖기 시작했으며, 환

---

61) *Ibid.*, p.806 ; Arnason, *op. cit., supra* n. 46. p. 582.
62) Arnason, *op. cit., supra* n. 46. p. 584.

경예술가인 캐프론, 조지시걸(George Segal), 짐다인(J. Dine)과 함께 하메저드슨 기념교회 내부에 화랑을 건립하는 멤버로 참여했다. 이곳은 춤, 연극, 시 등 신인 예술가들이 작품을 발표하는 장소로 이용되었는데 올덴버그의 첫 전람회도 1959년 5월과 6월 이곳에서 열렸다. 1960년 초부터

[그림 3-15] 올덴버그,
미니 모형 드럼, 1969

종이, 하드보드, 석고 등의 재료를 이용해 그는 일상용품을 거대한 확대품으로 만들어 발표하기 시작했다.63) 1970년대에는 대규모의 기념비적 작품을 많이 만들었는데 여전히 대중들에게 친숙한 사물들을 확대해 재현했으며, 그의 작품은

---

63) *Ibid.,* p. 597.

팝아트 계열과 상통하는 점도 있지만, 폴록, 존스, 뒤부페 등과 유사한 극적 성격을 갖기도 하였다. 그는 화가라기보다는 물체를 만드는 작가로써 작품의 크기, 재료, 질감에서 놀라움을 일으켰다.

1961년 그는 음식물 모형을 파는 상점을 열었으며, 그후 타자기, 욕실용구, 선풍기, 햄버거, 아이스크림, 담배꽁초 등 일상용품을 확대, 변형시킨 작품을 제작하였다. 그는 딱딱하면서 형태의 변형이 발생하지 않는 전통적인 조각기법이 아

[그림 3-16] 올덴버그, 모종삽, 1971-76

닌 부드럽고 언제든지 변형이 가능한 작품을 제작했다. 그는 소재들을 항상 실물크기가 아닌 거대한 크기로 변형시켜 관객들을 당혹스럽게 했다. 이러한 당혹스러움은 친근하면서도 낯선 어떤 대상을 대하고 있는 이질감을 갖게 했다. 뒤샹(Marcel Dunchamp)이 《샘》이라는 이름의 변기를 화랑으로 도입해 작품화 했을때 변기는 더 이상 실용적인 의미가 제거된 낯선 물건으로 변신한 것처럼 올덴버그의 작품도 사물로서가 아니라 현실과 동떨어진 예술영역 안에 별개의 것으로 보여져 어떤 사물로 읽혀지도록 유도하는 장점을 보여주었다. 이렇듯 우리 주변에서 흔히 볼 수 있는 평범한 사물들을 압도할 정도의 확대품으로 제작하고 그 재질과 질감에도 놀라움을 일으키면서 많은 대중의 이목을 집중시킬 수 있었다. 1960년대에 팝아트의 등장과 함께 포스트모더니즘이 시작되었다. 팝아트의 제1 특성이라고 할수 있는 대량생산적 특성과 비개성은 포스트모더니즘의 특성인 문화의 대중성의 기초가 되었으며 모더니즘에 대한 도전으로 등장한 팝아트는 당연히 모더니즘에 도전인 포스트모더니즘의 내용을 형성했다. 이와 같이 팝아트에 의해 포스트모더니즘의 시대가 도래된 것이다.

2. 개념미술

  1967년 미술잡지 「아트포럼」(Art Forum)에 미술가 르윗(Sol Lewitt)의 "개념미술(conceptual art)에 대한 단평"(Paragraphs on Conceptual Art)이라는 글에서 "개념미술에서는 아이디어 또는 개념이 작품의 가장 중요한 요소가 된다"64)라고 정의하고 있다. 1995년 리파드(Lucy Lippard)는 "미술 대상에 대한 재고: 1965-1975"라는 회고전 카달로그에서 개념미술에 대해 신중한 정의를 내리고 있다. 그는 이 카달로그에서 개념미술은 개념이 가장 중요한 역할을 하되 재료는 이차적이거나 별로 쓸모가 없으며 일시적이고 저렴하며 더 나아가 비물질화하는 그러한 작품을 뜻한다고 정의했다. 1996년 코수스 역시 개념미술가들은 그 기본적인 신조로서 형태나 색채 또는 재료를 가지고 작업하는 것이 아니라 의미를 가지고 작업한다는 것으로 이해하고 있다. 이와 같이 개념미술은 부정 또는 회의로 시작되고 있다. 즉 상상하고 회의하는 양면적 작용이 개념미술의 기반을 이루고 있는 것이다. 이러한 상상과 회의 때문에 수 없이 많이 개념미술의 정의가 제기 되었지만 개념미술에 대한 명확한 정의는 아직 규정하기 어렵다.

  이러한 한계에도 불구하고 개념미술은 광의로는 미술작품의 물질적 측면보다 비물질적 관념성을 중요시하는 경향을 의미하는 반면 협의로는 기호나 문자 등의 비물질에 의한 표현양식을 뜻한다. 이러한 개념미술은 퍼포먼스나 비디오 아트와 같이 회화도 아니고 조각도 아닌 새로운 미술형태를 의미한다. 그리고 대부분의 사람들이 사진으로 볼 수 밖에 없는 새로운 형태의 미술인 대지미술도 이 개념미술에 포함될 수 있다. 개념미술은 1960년대에 모더니즘에 대한 반항으로 대두되었다. 특히 상업화 되어가던 미술계와 미니멀 아트(minimal art)로 대표되는 전후 형식주의(formalism) 미술에 대한 반항으로 대두되었다.65) 이 당시 개념미술가들은

---

64) 박신의,「개념미술」(서울 : 열화당, 2003), pp. 6, 37.

동시대의 미술이 좁은 범위의 개념에서 벗어나지 못하고 오히려 정체되었다고 판단했다. 이들은 이러한 한계에서 이탈하기 위해 기호학 등을 동원해서 전통적인 미술작품에서는 유사한 점을 거의 찾아 볼 수 없는 새로운 작품을 창조했다. 그리고 미술에 대한 기존의 가치관을 버리고 전달의 매개물로 실생활과 밀접한 관계가 있는 말, 글, 영상 등을 채택해 다양하고 자유로운 주제를 추구하면서 급변하는 시대적 상황을 비판적으로 수용했다.66) 또한 개념미술가들은 기존의 미술이나 모더니즘 미술의 주장과 이들이 누려온 사회제도도 불신했다. 이들은 모더니즘이 형식적 미 만을 목적으로 하는 형식주의에 의해 지배되어 효용을 중시하는 기능주의를 포기한다고 비판했다. 그리고 모더니즘이 지닌 미술의 발전개념에 격렬하게 대항하고 미술의 상품가치를 전면적으로 거부함으로써 미술의 고유한 위상을 폐기해 비판을 받기도 했다.67)

개념미술에는 일반적으로 4가지 형식이 있다.

첫째, 레디메이드(ready-made)68)를 들수 있다. 마르셀 뒤샹이 제시한 이 용어는 미술작품의 독창성과 미술가의 손작업의 필요성을 거부하는 것으로 외부세계의 사물이 미술로 주장 또는 제시되는 것을 의미했다. 뒤샹의 소변기 《샘》은

---

65) Victor Burgin, "The Absence of Presence," in Charles Harrison and Paul Wood (eds.), *Art in Theory, 1900-1990* (Oxford : Blackwell, 1992), p. 1098.

66) Janson, *op. cit., supra* n. 47, p.841.

67) David Craven, "Conceptual Art," in Jane Rurney (ed.), *The Dictionary of Art*, Vol.7 (New York : Macmillan, 1996), pp. 686.

68) 오브제(objet) 장르 중 하나. <기성품>이라는 뜻이다.

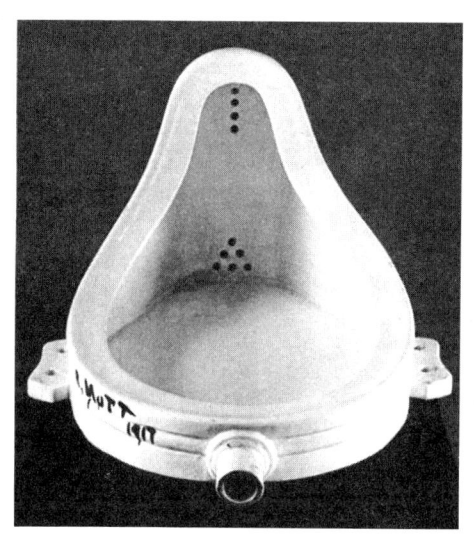

[그림 3-17] 뒤샹, 샘, 1917

가장 유명한 레디메이드 작품으로 꼽을 수 있다. 이 작품은 뒤샹이 꽃 하면 아름답다는 고정된 관념밖에 생각하지 못하는 우리들의 눈에 생경한 실재를 보여주기 위해, 남자용 변기를 바로 그대로 제목을 붙여 1917년 독립미술가협회 전시회(NY exhibition mounted by the Society of Independent Artists in 1917)에 출품하였다가 거절 당한 작품으로 소변기가 어떻게 미술 작품이 될 수 있는지를 놓고 격론이 벌어지기도 했다.69)

우리는 모나리자를 보고 "이것은 모나리자의 초상화"라고 말하면서 "모나리자는 과연 누구였을까?"라는 의문을 갖으면서도 우리는 그것을 하나의 표현으로서 뿐만 아니라 미술로써 받아들인다. 그러나 대다수의 관객들은 《샘》 앞에서 "이건 변기다"가 아니라 "소변기가 과연 미술 작품이라고 할수 있나?"라는 의문을 갖는다. 또는 뒤샹이 모나리자의 초상화에 콧수염을 그려넣은 《LHOOQ》를 미술 작품으로 생각해 보는 것이다.70) 「L.H.O.O.Q」는 프랑식으로 읽으면, "엘, 아쉬, 오, 오, 퀴"인데 이것을 붙여서 읽으면 "엘라쇼킬(Ell a chaud au cul)" 즉 "그녀의 엉덩이는 뜨겁다", "그녀는 달아올라 있다"는 뜻으로 이것은 말장난으로서, 뒤샹은 기성 미술의 가치와 권위를 모나리자로 상징해 그 얼굴에 크레용으로 수염을 그려 넣고 이러한 제목을 붙여 조롱하는 것이었다. 그는 여기서 그치지 않고 후에 다른 모나리자 복사판을 그냥 내걸고 《다시 수염을 깎은 모나리자》라는 것을 발표해 비평가들의 신랄한 비판을 받기도 했다.71)

---

69) Adams, *op. cit., supra* n. 45. p. 479.

70) Arnason, *op. cit., supra* n. 46. p. 305.

[그림 3-18] 뒤샹, L.H.O.O.Q.

    두번째 개념미술의 형식은 "개입"72)으로써 사물, 텍스트, 이미지 등을 길거리나 미술관 같은 예상치 못한 문맥 속에 갖다 놓아 그 문맥으로 관심을 도출하는 것이다. 이러한 개

---

71) Adams, *op. cit., supra* n. 45. pp. 479, 480.

72) John A. Walker, *Art in the Age of Mass Media* (Boulder : Westview, 1994), p. 132.

[그림 3-19] 토레스, 무제

입의 예로는 토레스(Felix Gonzalez Torres)의 대형 광고판 프로젝트를 들 수 있다. 미국의 미술가인 토레스는 아무것도 없는 텅빈 더블 침대 위에 정리되지 않은 침대보가 그대로 올려져 있는 모습을 24군데의 뉴욕 전역 대형광고판에 사진으로 설치했다. 이 한 장의 사진은 많은 것을 생각하게 만들었으며 아마도 대표적으로는 사랑의 부재를 의미했다. 다시 말해서 친숙하지만 들어내기에는 좀 어색한 이미지인 것이다. 우리는 흔히 더블 침대를 사랑하는 사람과 함께 사용하며 정리되지 않은 침대보는 출근하기 전의 아침 모습인 것처럼 그것 자체가 아니라 그것이 주는 의미가 은밀하면서도 중요한 부분이 되는 것이다. 아마도 이 작품에 나오는 더블침대의 모습은 최근에 에이즈로 사망한 토레스의 연인과 함께 토레스가 사용하던 침대가 아닐까 하는 추측을 갖게하며 이러한 개인적 추측은 관객이 그 이미지 안에서 각각 발견해야 하는 것이다.

세번째 개념미술의 형식은 "자료형식"이다.73) 자료형식은 실재 작품과 개념, 행동 등은 모두 증거와 기록, 지도, 차트 그리고 사진을 제기함으로써 이루어졌다. 1965년 코수스 (Joseph Kosuth)의 《하나 그리고 세의자》는 자료형식의 좋은 예이다. 이 작업에서 진정한 작품은 개념이다. 즉 "의자란 무엇인가?", "어떻게 의자를 재현할 것인가?", "재현이란 무엇인가?", 그리고 "미술이란 무었인가?"를 질문한다.

[그림 3-20] 코수스,
하나 그리고 세의자, 1965.

코수스가 "미술이 미술인 것이 곧 미술이다"를 동어반복적이라고 생각했던 것처럼 의자가 의자인 것이 곧 의자임은 일종의 동어반복이다. 우리가 실제로 볼 수 있는 3가지 요소(의자사진, 실제의자, 의자에 대한 사전적 정의)는 그러한 원리에 따른 것이다. 그것들은 그 자체로 별다른 설명을 하지 않는다. 즉 이 작품은 평범한 의자와 사전을 직접 복사한 의자에 대한 정의, 심지어 코수스가 직접 찍지도 않은 사진

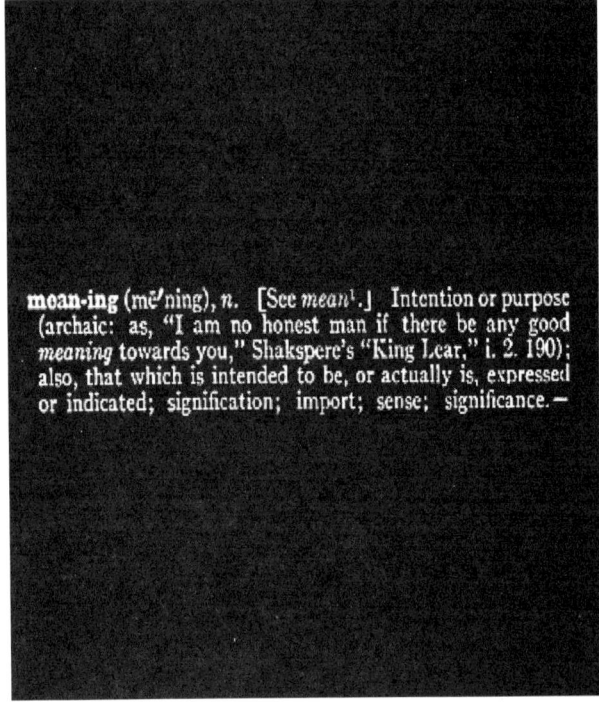

[그림 3-21] 코수스, 아이디어로서의 아이디어로서의 예술, 1967.

---

73) Janson, *op. cit., supra* n. 47, p. 842.

도 중요한 부분이 되는 것이다. 아마도 이 작품에 나오는 더블침대의 모습은 최근에 에이즈로 사망한 토레스의 연인과 함께 토레스가 사용하던 침대가 아닐까 하는 추측을 갖게하며 이러한 개인적 추측은 관객이 그 이미지 안에서 각각 발견해야 하는 것이다.

　　세번째 개념미술의 형식은 "자료형식"이다.73) 자료형식은 실재 작품과 개념, 행동 등은 모두 증거와 기록, 지도, 차트 그리고 사진을 제기함으로써 이루어졌다. 1965년 코수스 (Joseph Kosuth)의 《하나 그리고 세의자》는 자료형식의 좋은 예이다. 이 작업에서 진정한 작품은 개념이다. 즉 "의자란 무엇인가?", "어떻게 의자를 재현할 것인가?", "재현이란 무엇인가?", 그리고 "미술이란 무엇인가?"를 질문한다.

[그림 3-20] 코수스,
하나 그리고 세의자, 1965.

코수스가 "미술이 미술인 것이 곧 미술이다"를 동어반복적이라고 생각했던 것처럼 의자가 의자인 것이 곧 의자임은 일종의 동어반복이다. 우리가 실제로 볼 수 있는 3가지 요소(의자사진, 실제의자, 의자에 대한 사전적 정의)는 그러한 원리에 따른 것이다. 그것들은 그 자체로 별다른 설명을 하지 않는다. 즉 이 작품은 평범한 의자와 사전을 직접 복사한 의자에 대한 정의, 심지어 코수스가 직접 찍지도 않은 사진

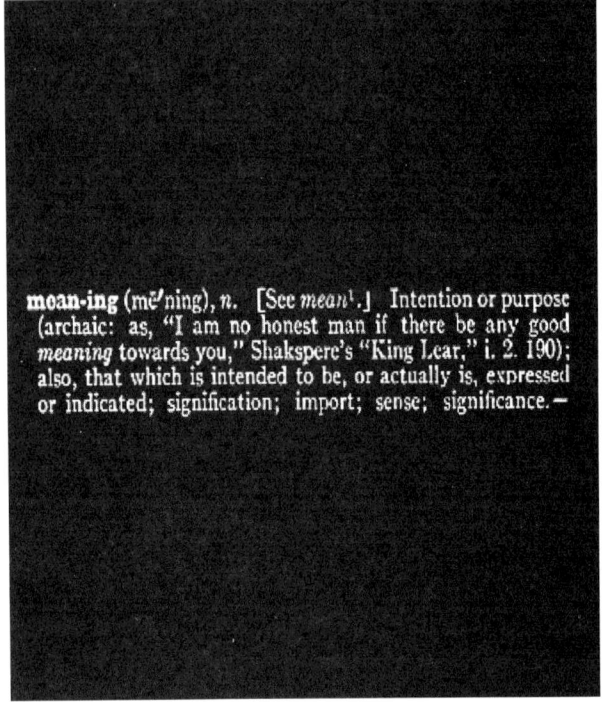

[그림 3-21] 코수스, 아이디어로서의 아이디어로서의 예술, 1967.

---

73) Janson, *op. cit., supra* n. 47, p. 842.

으로 이루어졌다. 또한 코수스는 1967년 《아이디어로서의 아이디어로서의 예술》을 전시했다. 이 작품은 평범한 크기로 어떤 이미지도 없이 단어로만 구성된 것으로 단어들은 현대미술의 논쟁에서 핵심적으로 논의되는 용어인 의미, 오브제, 표현, 그리고 이론이라는 사전적 정의인데 그는 이것을 네거티브 복사 사진으로 만들었으며, 복사사진의 검은 평면의 회화적 효과를 거부하면서도 거리의 게시판과 신문광고와 같이 전에는 예술활동으로 간주되지 않았던 유의어 사전의 단어를 배열했다. 코스스는 예술과 미학의 구별을 주장하고 뒤샹 이후의 모든 습관적 예술을 거부했으며 예술은 더 이상 물건을 만드는 것이 아니라 진술적인 작업이 되어야 한다고 주장하는 것이다.

마지막으로 개념미술의 형식은 언어를 들 수 있으며, 개념과 진술 조사 등이 언어의 형식에 속한다.[74] 예를 들어 노먼(Bruce Norman)의 《100개의 삶과 죽음》은 언어로 표현된 미술의 훌륭한 예이다. 이 작품은 어쩌면 시간의 삶을 담고 있는 것일 것이다. 누구의 시간이냐에 따라 각자는 다른 내용의 삶을 만들어 간다. 실업자의 시간, 지식인의 시간, 노동자의 시간, 여성의 시간, 아이의 시간, 동양인의 시간, 아프리카인의 시간 등 시간은 네온으로 적힌 문자에서 삶과 죽음이라는 형이상학에서도 자취를 남긴다. 네온매체와 간판의 크기를 이용해 간판을 연상시켰으며 화랑 전체를 소란스러운 음향으로 가득 채웠다.

1960년대 이후 활동한 대표적인 개념미술가로는 위에서 언급한 마르셀 뒤샹, 토레스, 조지프 코수스, 노우만 그리고

---

74) Walker, *op. cit., supra* n. 72, p. 132.

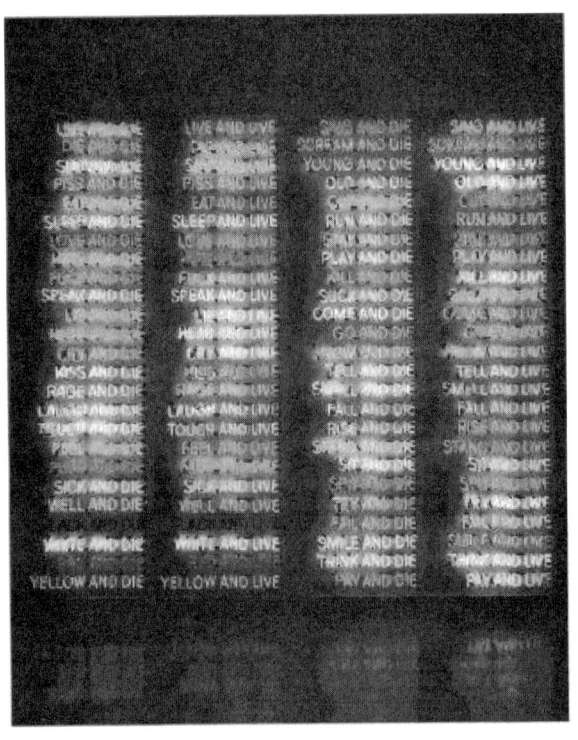

[그림 3-22] 브루스 노우만, 100개의 삶과 죽음

르윗 이외에 밸드서리(John Baldessari), 홀저(Jenny Holzer), 보롭스키(Jonathan Borofsky), 버든(Chris Burden) 등이 있다. 사실 개념미술가들의 대부분은 작품을 만들었으나 그 작품은 전통적인 회화와는 거리가 멀었으며 그 명칭은 여러 가지 미술사조를 포괄하는 것이었다. 조각이든 회화든 수공예적으로 재료를 사용해 만들어진 산물보다는 예술가의 사상을 강조하는 사조는 어떤 것이든 개념미술에 속한다고 볼 수 있다.

개념미술가들은 미술 대상에 대해 "왜 이것이 미술인가?" "미술가는 누구인가?" "문맥이란 무엇인가?"라는 질문 외에도 그것을 바라보거나 읽은 사람들에게 "당신은 누구인가?" "당신은 무엇을 표현하는가?"라고 질문한다. 그리고 관람자로 하여금 스스로 의식하게 만듦으로써 그들 자신에게 관심을 돌리게 하여 개념미술 작품을 보고 있을 때 그 작품의 의미를 결정하는 것은 관람자인 것처럼 결국 관람자가 스스로 무엇을 믿을 것인가를 결정해야만 했다. 이러한 점에서 개념미술은 미학적 표현보다는 평범한 인간의 창조성과 예술활동 무대로서의 세계성을 포괄하는 이념을 목표로 작업했으며, 1960년대 말 모더니즘을 땅에 묻고 포스트모더니즘을 위한 길을 포장하는데 크게 기여했다.[75] 즉 개념미술의 등장으로 모더니즘은 도전을 받고 포스트모더니즘 시대가 도래되게 된 것이며 이 같은 측면에서 개념주의는 실제로 포스트모더니즘과 거의 유사한 의미를 가졌다.

---

[75] Burgin, *op. cit., supra* n. 65, p. 1099.

제3절 이론적 형성배경

I. 사회학적 형성배경

 20세기 후반에 접어들어 세계는 베트남전쟁, 오일쇼크, 녹색혁명을 겪으면서 경제적, 사회적으로 커다란 변화의 양상을 보였다. 경제적으로는 다국적기업이 세계경제를 지배하고 산업구조는 제2차 산업에서 제3차 산업으로 구조적 변화를 맞게 되었다. 또한 정부의 경제에 대한 관리와 통제기능이 강화되었다. 사회적으로는 전문지식과 관리능력을 가진 전문가 집단이 사회의 지배세력으로 등장하고, 고등교육의 일반화와 사회현상의 정보화가 강화되었다. 이러한 경제적, 사회적 변화에 따라 사회는 고도로 조직화되었다. 이러한 배경 하에서 포스트모더니즘 문화에 크게 기여한 후기산업사회이론과 후기자본주의 이론이 대두되었다.

1. 후기산업사회 이론

 후기산업사회(Post-Industrial Society)란 농경이나 수공업 중심의 전기산업사회와는 달리 가치관과 인간생활의 유형에 의해 지속, 발전되는 사회, 즉 산업화 이후 문화적, 조직철학적, 사회형태학적 가치관이 새로이 형성되어 인간 생활의 모든 영역에서 새로운 유형이 구조화되는 사회를 의미한다. 구체적으로는 1956년을 기준으로 산업사회 이후에 나타난 정보화 사회를 가리키는 말로서, 「후기산업사회의 도래」라는 저서를 집필한 다니엘 벨(Daniel Bell)이 이 문제에 관한 최초의 사상가였으며, 토플러(A. Tofler)의 정보 혁명에 관한 「제3의 물결」이 출간된 이후 후기산업사회 그리고 정보화사회라는 용어가 보편화되었다.

후기산업사회이론의 이론가들로는 벨, 카안(Herman Kahn), 와이너(Anthony J. Weiner), 브릭스(B. Bruce Briggs), 베이어(Kurt Baier) 그리고 레스처(Nicholas Rescher)가 있으며 본 연구에서는 주로 벨의 주장을 따르기로 한다. 벨은 사회의 발전단계를 다음과 같이 3개의 단계로 구분했다. 첫째, "전산업사회"로 이는 "자연에 대한 게임"을 특징으로 하고 있다. 둘째, "산업사회"로 이는 "제조된 자연에 대한 게임"을 특징으로 한다. 셋째, "후기산업사회"로 이는 "사람들간의 게임"을 특징으로 한다.[76] 제3단계인 후기산업사회의 대표적인 예가 제2차 대전 이후의 미국사회이며, 이 사회에서는 기계기술과 고도의 정보화에 기초한 지적인 기능이 사회의 중심적 기능으로 변모했다. 이에 따라 "재화에서 용역으로"의 경제적 변화와 과학자, 전문가, 기술자, 전문지식인들의 전문가집단이 자본가를 대신해 사회의 지배계급으로 등장했고 사회구조에 있어서도 고도의 다원화가 촉진되어 개인보다는 소공동체 중심의 사회가 조직되었다.

이와 같이 20세기 후반기 미국은 과학기술의 발달, 전문가 집단의 지배, 그리고 사회의 조직화 등이 활성화 됨에 따라 경제적 생산 및 분배와 사회조직간의 갈등을 합리적으로

---

76) Daniel Bell, *The Comming of Post-Industrial Society* (New York : Basic Books, 1973), pp. 116, 165, 358.

해소할 수 있게 되었다. 벨은 이러한 미국사회의 분석을 통해 후기산업사회가 달성되면 자본주의는 그 모순을 스스로 해결할 수 있는 자기조절기능을 갖게 된다고 판단했다.77) 요컨대, 후기산업사회의 중요한 특징 중의 하나는 이익을 공유하는 소집단들에 의해 사회가 광범위하게 조직화되어 자본주의 사회일지라도 스스로 그 모순을 해결해 나갈 수 있는 자기조절기능을 갖게 되는 것이다.

벨은 후기산업사회를 다음과 같이 묘사했다. 물질적 생산에서 서비스 생산으로 경제생활의 중심이 이동하며, 직업 분포상으로는 전문직, 관리직, 사무직 등 정신노동자층이 전통적 산업사회의 상징인 육체노동자층을 능가하고, 과학적, 이론적 지식이 사회혁신과 정책결정의 원천이 되어 기술통제나 평가를 통한 미래설계가 이루어진다고 보았다. 또한 대학 및 연구소를 중심으로 지식산업이 융성하게 발전하는 단계라고 판단했다. 이러한 측면에서 벨은 후기산업사회의 특징을 다음과 같이 열거하고 있다.

첫째, 후기산업사회에서는 재화보다는 서비스에 기초한 경제발전이 중요한 핵심을 구성하고 있다. 특히 제조업과 서비스업 중에서도 정보 관련 산업 종사자가 비약적으로 증가했으며, 1983년 미국의 통계에 따르면 정보와 더불어 일하고 있는 사람이 65%에 달한다고 주장하고 있다.

둘째, 후기산업사회는 자본보다는 노하우가 지배하는 사회이다. 산업사회의 가장 중요한 전략적 자원을 자본이라고 한다면 후기산업사회에서 중요시하는 자원은 정보 혹은 어떤 기술에 대한 노하우이다. 즉 기술의 사용 또는 응용방법에 관한 지식

---
77) *Ibid.*, p. 369.

또는 경험이 중요한 자원인 것이다.

셋째, 후기산업사회는 과거 지향형이 아니라 미래 지향형 사회라고 보았다. 산업사회의 시간지향이 현재라면 후기산업사회의 시간지향은 미래이다. 어떻게 미래를 예견할 것인가가 생존과 승리의 관건이 된다는 것이다.[78]

산업화 이후에 새롭게 창출되어 후기산업사회의 기본구조를 마련하는 후기산업사회의 가치관을 문화적 측면, 사회형태적 측면, 조직적 측면에서 살펴보면 다음과 같다.

첫째, 후기산업사회의 문화적 가치관은 자아실현, 자기표현, 상호독립성, 여가선용을 무엇보다 강조하고 있다. 후기산업사회는 자아실현과 자기표현을 통한 인간 잠재력의 최대한 개발을 지향하는 인간중심 사회이며 상호독립성을 바탕으로 협력적인 팀활동을 통해 과업성취도를 높이기 위해서 일의 과정과 여가선용의 과정을 통해 자아실현을 추구한다.

둘째, 후기산업사회에서는 갈등의 표면화, 참여식 동의, 장기계획, 지방분권과 기관자율, 대규모 지방행정단위, 창의적 경영관리 등이 중요한 사회형태적 가치관으로 등장한다. 산업화과정에서 내면화되었던 성취도와 인내중심의 가치관은 후기산업사회에 들어서면서 그 갈등이 급격히 표출되고, 이러한 갈등의 표면화는 참여식 의사결정을 요구하게 된다. 장기발전계획이 참여식 동의와 미래예측으로부터 수립되며 산업사회의 중앙집권적 통제도 후기산업사회에 들어서면 지방이나 지역 수준에서 구체적인 설계에 필요한 하나의 기준

---

78) Daniele Bell, *The Cultural Contradictions of Capotalism* (New York: Basic Books, 1976), pp. 228-44, 275-302.

에 지나지 않아 결과적으로 지방분권이나 기관자율이 보편적인 현상이 된다. 후기산업사회에서의 행정단위는 대규모 지방단위가 행정단위이며 이것은 지방이나 지역간 협력을 바탕으로 이루어진다. 또한 표준화된 경영관리로는 급변하는 경영환경 속에서 개인능력의 극대화와 조직의 소규모화를 가져올 수 없기 때문에 창의적 경영관리가 불가결한 요소로 간주된다.

셋째, 후기산업사회의 조직적인 가치관은 유기적 관계, 역동적 관계, 승승(勝勝)관계, 연계된 목적, 공유중심이다. 후기산업사회에서의 조직구조는 유기적이고 역동적인 구조로서 이것은 산업사회의 기계적 경쟁적 가치관으로부터 전환되었으며, 승승게임이 강조되어 개인의 능력을 극대화시키게 되었다. 즉 조직을 인격체로 보아 조직생태, 조직심리, 조직건강이 강조되는 한편 조직간 조직내 장벽이 무너져 조직구성원은 상호연계된 공동의 목적을 추구하게 된다. 이와 함께 공적 영역과 사적 영역의 균형을 위한 인식의 전환이 이루어지고, 이러한 인식의 전환은 산업화과정에서 형성된 지나치게 경직된 소유중심의 가치관에서 벗어나 공유중심의 가치관을 추구해 공동의 복지를 지향하게 된다는 것이다.[79]

벨이 규정한 후기산업사회는 현대 포스트모더니즘의 중요한 특징을 암시하고 있다. 인간의 절대성을 강조하는 포스트모더니즘은 절충주의, 표현주의, 모호성, 개성주의, 다원주의를 표방한다. 이 시기는 무엇보다도 급진적인 시각상의 표현방법이 시도되었으며 생산성, 새로운 구조 재료의 활용, 실

---

[79] Daniele Bell, "The Return of the Sacred? The Argument on the Future of Religion, " in the *Winding Passage*(New Brunswick, NJ : Transaction, 1991), pp. 334-35.

용성, 혁신성, 이동성, 인간의 정서적 요소, 단순성, 복합성, 상징성, 심미성 등을 다양하게 추구한 다원적인 종류의 디자인이 발표되었다. 이것은 기능주의 일색 경향에서 탈피하고자 한 디자인 양식운동의 결과이며 특히 표현방식에 있어서 모더니즘과는 전혀 다른 접근을 시도한 것이 두드러진 특징이었다.

포스트모더니즘은 개성, 자율성, 다양성, 대중성을 중시하면서 절대이념을 거부하여 탈이념이라는 정치이론을 낳았다. 또한 후기산업사회 논리로 비판받기도 한다. 분업에 의한 대량생산으로 수요에 의해 공급이 이루어지던 시대가 산업사회이며, 컴퓨터, 서비스산업 등 정보화시대에는 공급이 넘치면서 수요는 광고와 패션에 의해 인위적으로 이루어진다. 그러므로 빗나간 소비사회는 때로 포스트모더니즘의 실험적이고 긍정적인 측면을 무력하게 만들기도 한다. 요컨대, 후기산업사회이론은 포스트모더니즘의 사회학적 형성 배경의 하나를 이루고 있다.

2. 후기자본주의 이론

1960년대 포스트모더니즘은 후기자본주의(Late Copitalism) 사회라는 멘델의 이론적 토대 위에서 성장했다. 후기자본주의 이론을 체계화한 멘델(Ernest Mandel)은 자본주의의 발전단계를 자유경쟁적 자본주의, 고전적 제국주의 그리고 후기자본주의로 크게 3단계로 구분했다. 멘델에 의하면 후기자본주의는 자본주의 발전의 마지막 단계로서 서구사회에서는 제2차 세계대전 이후의 시기로 이 시기에 미국 등 서구 유럽은 자본주의의 발전단계가 자유경쟁 자본주의, 고전적 제국주의를 거쳐 제3국면에 들어섰다고 주장하고 있다. 멘델은 서구사회가 이 단계에 돌입하게 된것은 기존의 독점자본주의론자들이 주장하던 자본주의위기론에 따른 도식에서가 아니라 자본의 운동법칙 그 자체로부터 도출했다.[80]

멘델은 세계 자본주의경제가 전후 장기간 동안 높은 성장을 보인 원인을 구명하고 이러한 성장이 내포한 한계를 밝히면서 성장률이 둔화되고 자본주의의 사회적, 경제적 위기가 심화되는 시기가 필연적으로 제3단계가 다가 온다고 지적했다. 멘델은 자본주의 생산양식의 역사적인 전개를 마르크스가 자본론에서 해명한 자본주의의 기본적 운동법칙에 입각해서 설명하고 있다. 그는 후기자본주의 시기는 자본주의의 전개과정에서 특별히 새로운 시기는 아니라고 이해했다.[81] 이것은 비록 멘델이 후기자본주의라는 용어를 사용하지만 마르크스의 "자본론", 레닌(Vladimir Lenin)의 "제국주의론"을 낡은 것으로 할 만큼 자본주의의 본질이 변했다는 것을 의미하는 것은 아니다. 즉, 막스(Karl Friedrich Marx)가 분석한 "자유방임주의적 자본주의"와 레닌이 분석한 "제국주의적 독점자본주의" 그리고 멘델 자신이 분석하고 있는 "다국적기업적 후기자본주의" 모두가 자본의 운동법칙의 각각 다른 단면일 뿐이며 자본주의의 본래의 모순은 여전히 그 속에 상존하고 있는 것이다.[82]

---

80) Daniel Bell, *The Comming of Post-Industrial Society* (New York : Basic Books, 1973), pp. 116, 165, 358.

81) Steven Conner, *Postmodernist Culture* (Oxford : Blackwell, 1989), p. 45.

82) Fredric Jameson, "Postmodernism or the Cultural Logic of Late

이러한 점에서 레닌이 막스의 「자본론」에 기초해 제국주의론을 전개하였듯이 멘델도 레닌의 제국주의론을 기초로하여 후기자본주의를 분석하고 있다. 즉 후기자본주의의 시기는 자본주의의 전개과정에서 이전 시기와 단절되는 새로운 시기가 아니며, 제국주의적 독점자본주의 시기가 한층 더 가열적으로 전개된 시기로 보아야 할 것이다. 따라서 레닌이 분석한 제국주의적 여러 특징들은 후기자본주의 사회에서도 엄연히 상존하고 있는 것이다. 이러한 점에서 후기자본주의 사회는 완전하게 조직된 사회가 아니며 단지 다양한 조직과 이해관계로 구성된 무정부상태의 사생아적 결합형태라고 이해할 수 있다. 결국 자본주의의 모순과 폐단이 후기자본주의 사회에서는 한층 더 심화된 형태로 나타나고 있는 것이다.

   이러한 사회학적 배경 하에서 모더니즘으로부터 포스트모더니즘으로의 문화적 전개는 자본주의적 기술문명의 고도화에 따른 귀결이라는 기본입장에서 기술문명이 상대적으로 덜 발달한 19세기 초에는 주체의 소외가 그 당시의 상황을 반영하는 문화적 인식 요소였으나, 기술문명이 보다 고도로 발달한 20세기 후반기에 와서는 주체의 소외는 더 이상 적합한 것이 될 수 없게 되어 주체의 파편화로 대체 되게 되었다.[83] 결국 보다 심화된 자본주의의 기술문명은 자아의 해체 또는 도취와 자아의 사멸을 지향하는 예술대중화의 조류인 포스트모더니즘으로 나타나게 된 것이다. 요컨대, 후기자본주의이론은 포스트모더니즘의 사회학적 형성 배경의 하

Capltolism," *New Left Review,* No. 146, 1900, p. 78.

83) Fredric Jameson, "The Deconstruction of Expression," in Charles Harrison and Paul Wood (eds.), *Art in Theory, 1900-1990* (Oxford : Blackwell, 1996), p. 1079.

나를 이루고 있다.

II. 철학적 형성배경

포스트모더니즘은 모더니즘의 논리적 발전이요 계승이며, 단절이고 새로운 연장이다. 즉 포스트모더니즘은 모더니즘을 떠나서는 생각될 수 없고 그것은 모더니즘 세계관에 대한 반작용으로, 모더니즘의 모순과 부작용에 대한 대응으로 시작되었으며 그것은 모던적 이성에 대한 근본 비판으로 규정할 수 있다. 그리고 근대 이전의 유기체적인 자연관이 근세에서는 '기계적인 자연관'으로 변한 것과 더불어 진보되어 나간다는 '진보에의 믿음'이 모더니즘 규정하였으나 포스트모더니즘은 모더니즘을 더 이상 수용하지 않았다.

역사학자 아놀드 토인비는 저서 「역사연구」(A Study of History)에서 현재의 시대를 사회적 불안, 세계전쟁, 혁명의 시대 그리고 "포스트모던시대"로 명명했으며, 근대의 서구역사를 네가지로 분류하였다. 초기근대(Early Modern : 르네상스), 근대(Modern : 르네상스 전성기와 그 이후), 후기근대(Late Modern : 17세기와 18세기를 정점으로 한 기간과 좀더 넓혀서 보면 계몽주의가 풍미했던 19세기), 마지막으로 포스트모던(Post- Mordern : 1870~80년을 기점으로 한)이 바로 그것이다.

초기근대는 그리스의 사변적 우주론과 기독교의 신학적 우주론이 결합되어 우주론과 형이상학이 사상적 중심을 형성했다.84) 세계를 하나의 유기체로 간주한 것이 전근대 세계

---

84) Arnold Toynbee, A study of History, London : Oxford

관의 특징이며, 밀러(James Miller)는 전근대 세계관의 주요 요소를 "전근대는 신적 계시가 진리의 최종 척도인 반면, 이성은 계시를 통해 주어진 진리를 이해하는 시대"라 하였다. 이는 천상과 지상의 영역을 형이상학적으로 분리한 이론이며, 우주 안에 있는 사물들과 질서를 기술하는 목적론적 언어이고, 인간을 우주의 중심으로 보는 인간관임과 동시에 전통을 모든 지식의 근원으로 생각하는 인식론인 것이다. "우주를 정신과 물질, 신과 자연, 자아와 전체의 단일 구조물로 간주하는 종교적 의식에 의해 지배되었다."라고 얘기한 피터스(Ted Peters)와도 그 맥을 같이 한다.

근대와 후기근대는 인간의 능력과 지위에 대한 평가를 향상시켰으며 르네상스를 토대로 계몽시대에서 시작되었다. 이 계몽사상은 이성을 진리의 척도로 간주, 인간을 역사의 주인공으로하는 현대 정신의 길을 열었으며 현대성의 기본 이념은 계몽사상의 특징 세 가지로 요약할 수 있다.

첫째로, 이성에 대한 무한한 신뢰다. 즉, 합리주의인 것이다. 현대 서양철학의 거장 데카르트(Rene Descartes)는 이성을 "참과 거짓을 분간할 줄 알며 잘 판단할 줄 아는 능력"으로 규정하고 생각하는 자아의 존재를 진리 탐구의 제일원리로 삼았으며 모든 사람들은 이성을 고루 가지고 있다고 믿었다. 또한 현대는 이성의 시대이며, 현대성의 이념적 핵심은 이성 중심주의이고, 현대를 지배하는 이성적 사고는 전근대적 환상과 선입견을 거부하고 합리적 비판을 통해 지식의 확실한 토대를 마련하려 했다.

둘째, 17세기 과학혁명과 더불어 시작되었다는 기계적, 이

University Press, 1954, vol.9, p.185.

원론적 세계관이다. 코페르니쿠스(Copernicus), 케플러(Kepler), 갈릴레오(Galilei, Galileo), 뉴톤(Newton) 등이 이룩해 낸 과학적 발견들은 전통적 우주관은 물론, 사유방식 자체를 근본적으로 변화시켰다. 코페르니쿠스의 지동설과 지구를 우주의 중심으로 가정한 중세의 천동설, 그리고 뉴톤의 기계적 자연관으로 자연을 거대한 유기체로 간주하는 중세의 자연관은 대체되었고, 현상과 실재의 영역으로 나눈 칸트, 우주를 물질과 정신의 영역으로 나눈 데카르트의 이런 이원론이 현대 세계관의 또 다른 특징이 되었다.

셋째, 진보에 대한 신앙의 시대다. 역사를 반복적인 진행으로 해석하는 순환론이 고대의 견해였다면, 진보론은 그것을 발전적인 것으로 해석하는 것으로 현대적 사고의 특징이다. 현대 과학과 기술의 발달은 삶의 질을 향상시켰으며 진보가 불가피하다는 낙관주의적 전망을 확산시켰다. 낙관주의는 평화적 분위기, 급속한 산업화, 민주적 정치구조, 역사의 진행에 대한 진화론적 해석, 과학에 대한 신뢰 등으로부터 유래했다.

사상가 화이트헤드(A. Whitehead)는 지금까지 서양 철학은 플라톤 철학의 각주에 불과하다는 것을 그의 저서 「과학과 근대 세계」(Science and the modern World)에서 주장하였다.85) 즉 아직까지도 플라톤의 사상이 서구를 지배하고 있다는 말이며 데리다는 플라톤 이래로 지속되어온 형이상학의 경향을 말이나 이성적 진리를 중심으로 이루어진 체계인 "로고스중심주의"라고 말한다. 결국 어떤 절대적인 체계

---

85) Alfred North Whitehead, *Science and the Modern World* (New York: New American library, 1954), pp. 13-40.

나 진리를 중심으로 놓고 그것을 기준으로 쌓아올린다는 것이다.

푸코(Michel Foucault)가 「광기의 역사」에서 이미 이성이라는 것이 그 자체가 진리가 아니라 자신의 진리성을 정당화하기 위해서 자신의 타자인 광기를 얼마나 억압해왔는가에 대해서 세밀하게 밝혀놓은 바가 있다.86) 즉, 우리가 '이성'이라고 부르는 것도 정상과 비정상을 구분하고 비정상을 광기로 몰아부쳐서 만들어낸, 그리하여 자신의 반대 세력을 억압해서 만들어진 가상에 불과하다는 것이다. 그러므로 로고스중심주의는 중심이라는 것 혹은 절대적인 진리는 그와 반대되는 것을 축출해서 만들어진 허구에 불과하다는 것이다.

데리다는 이러한 중심을 허물어뜨리는 것이 해체라고 생각한다. 그는 해체란 어떠한 중심도 없고, 비록 중심이 있다고 하더라도 그 중심은 고정된 위치가 아니라 하나의 기능, 즉 무한한 기호의 대치만이 적용되는 일종의 비위치만이 있는 상태라는 것이다.

사실 이러한 로고스중심주의의 관점에서 보면 중세 시대의 사상이라는 것도 알고 보면 플라톤의 이데아론이 종교적으로 표출된 것에 불과한 것으로 볼 수 있다. 나아가 근대 인식론도 자연 과학의 이념으로 표현된 플라톤주의인 것이다. 더욱이 근대 이후의 자본주의 사회는 플라톤 이래로 지속되어 온 서구의 합리주의 정신이 제도화되어서 나타난 사회라고 할 수 있다.

---

86) Michel Foucault, *Madness and Civilization: a History of Insanity in the Age of Reason* (London: Tavistock, 1965), pp. xi-xv.

그리고 현대에 대한 비판은 19세기 니체로부터 시작되었으며, 니체는 합리적 노력을 통해 발견되고 증명되는 보편적 진리 개념을 거부하였고 형이상학의 정당성을 부정하였다. 즉 니체의 부정은 계몽시대의 진리 개념 거부에 그 토대를 두었고 그가 신의 죽음을 선언한 것은 서양 이성 체계의 근거를 부정한 것이다. 이말은 현대성의 종말과 포스트모더니티의 잉태로 간주되었다.

니체, 하이데거의 실존주의를 거친 후 포스트모던 시대는 데리다, 푸고, 라컨, 그리고 리오타르에 이르러 시작되었으며 이들은 니체와 프로이드의 영향을 받았고 계몽주의 이후 서구의 합리주의를 되돌아보면 하나의 논리가 서기 위해 어떻게 반대논리를 억압해 왔는지 드러낸다.

데리다는 어떻게 이성이 감성을, 백인이 흑인을, 남성이 여성을 억압했는지 이분법을 해체시켜 보여주었으며, 푸고는 지식이 권력에 저항해 왔다는 계몽주의 이후 발전논리의 허상을 보여주고 지식과 권력은 적이 아니라 동반자라고 말하였다.

또한 라깡은 데카르트의 합리적 절대자아에 반기를 들고 프로이드를 귀환시켜 주체를 해체한다고 하였다. 주체는 상상계와 상징계로 되어 있고 그 차이 때문에 이성에는 환상이 개입된다는 것이다. 리오타르 역시 숭엄(the Sublime)이라는 설명할 수 없는 힘으로 합리주의의 도그마를 해체한다. 따라서 철학에서의 포스트모더니즘은 근대의 도그마에 대한 반기였다.

포스트모더니즘의 철학적 형성배경에 있어서의 주 내용은 "자아의 해체"이다. 그 내용을 살펴 보기로 한다.

포스트모더니즘의 철학적 기초를 이르고 있는 것은 해체주의(deconstructionism)이다. 해체주의란 1960년대 말 프랑스를 중심으로 대두된 포스트 구조주의(post structuralism)의 핵심을 이르는 철학적 주장으로, 프랑스의 철학자 데리다에 의해 대표적으로 전개되었다.87)

해체주의가 전개되기 이전에 근대적 세계관은 합리주의(rationalism)라는 용어로 표현될 수 있다. 이 합리주의는 오성적(悟性的) 사유의 합리성에 대한 신뢰, 그 오성적 사유의 주체인 인간의 자율성에 대한 신뢰, 그리고 사유의 도구로서의 언어의 동일성에 대한 신뢰에 기초를 두고 있는 것이다.88) 그러나 이러한 합리주의 세계관은 그의 기초인 자율성에 입각한 오성적 사유의 주체인 인간으로서의 "자아"(Moi, self)는 이미 니체(Friedrich Nietzsche)에 의해 "우리가 에고이즘(egoism, 이기주의)을 비난할 때 말하는 에고란 전혀 존재하지 않는 것이다."89)라고 표현된 바와 같이

---

87) Stuart Sim, "Deconstruction," in David E. Cooper(ed.), *A Companion to Aesthetics* (Oxford : Blackwell, 1992), pp. 106-107 ; Alan D. Schriff, "The Becoming - Postmodern of Philosophy," in Gary Shapiro (ed.), *After the Future Postmodern Times and Places* (Albany, NY : State Univervsity of New York Press, 1990), pp. 102-106 ; David Carrier, "Demonstruction," in Jane Turner (ed.), *The Dictionary of Art*, Vol. 8 (New York : Maemillan, 1996), pp. 609-10.

88) *Ibid;* Anthony J. Cascardi, "History, Theory (Post) Modernity," in Gary Shapiro (ed.), *After the Future Postmodern Times and Places* (Albany, NY : State University of New York Press, 1990), pp. 10-11.

89) Friedrich Nietzsche, *The Will to Power*, Walter Kaufmann (ed.), Walter Kaufman and R. J. Hollingdale (trans.) (New York : Random House, 1967), p. 199.

오성적 주최인 자아는 심각한 비판을 받았다. 이 근대적 합리주의는 20세기에 들어서면서 다 방면에서 도전을 받게 된다. 그 중 하나가 데리다를 대표로 주장되는 해체주의인 것이다.90)

해체주의의 핵심적 내용은 해체(deconstruction)이며, 해체는 데카르트의 이성 중심주의 이래 서구의 사상계를 지탱해 온 소위 "논리"(Legigue, logic)와 "합리"(Raison, rationality)를 거부하는 것이다.

주체적 자아, 즉 "나는 생각한다. 고로 나는 존재한다"라고 주장 함으로써 성립된 데카르트의 "네가 목적왕국의 입법자인 것처럼 행위하라"라고 표현함으로써 제시된 도덕적 자아는 서구문화의 전통적 근간을 형성하는 핵심 개념이였다. 이 주체적 자아는 모더니즘의 철학적 기초를 형성하고 있었으나, 포스트모더니즘에 와서 이는 해체되었다는 엄준한 선고를 받게 된다.91)

해체주의는 전체주의(totalitarianism)적·체계주의적 이성을 비판하고 우연성과 차별성을 지닌 개개의 감성을 중요시 하여 이성과 합리성에 기초한 종래의 형이상학적체계(形而上學的體系)에 대한 반발로 대두되게 되었다. 데리다에 의하면 종래의 형이상학은 이성중심주의에 기반을 두고 형성되었으므로 "인간내부의 원초적 감성"의 몰락을 초래하게 되었다

---

90) Cascardi, *op. cit., supra* n. 88, p. 10-11.

91) Edward Casey, "Place, Form, and Identity in Postmodern Architecture and Philosophy," in Gary Shapiro (ed.), *After the Future Postmodern Times and Place* (Albany, NY : State University of New York Press, 1990) pp. 206-209 ; Cascardi, *op. cit., supra* n. 63, pp. 9-14.

고 한다. 데리다의 주체적 자아의 해체는 거대한 전체성의 해체를 목표로(aims to deconstruct the greatest totality) 하므로 결국 "형이상학의 부정"이라 할 수 있다.92) 그는 형이상학을 언어로 세운 세계를 한 모형으로 보고, 세계전체는 언어에 의해 정확하게 재현될 수 있는 것이 아니라고 했다.93)

데리다는 서구 형이상학과 구조주의(structuralism)의 기본입장에 강한 의문을 제기한다. 그는 구조주의자에 의해 주장되는 "구조"(construction) 나 "기호"(sign)라는 개념은 그 개념 속에 중심(center)이 현존하고 있음을 전제로 하고 있는 것이며, 그러한 중심으로 근원(origin)·진리(truth)·목적(purpose)·절대(absolute) 등이 있다고 한다. 그런데 이들 중심은 서구의 글 중심주의(logocentrism) 또는 말 중심주의(phonocentrism)에 의해 완전한 현존(full presence)은 환상일 뿐이며, 오직 그 중심의 흔적(trace) 또는 대체물(substitute)만이 실재할 뿐이라고 한다. 결국 인간이 사용하는 언어나 기호가 모든 내면적 사고를 대변해 줄 수 있는 수단이 될 수 없다는 것이다.94)

이와 같이 데리다는 기호는 완전한 현존이 되지 못한다는 사고를 기초로 하여, 언어의 창조자로서 만물 위에 군림해 온 인간이 완전한 이상적 주체가 될 수 없다는 것이다. 그러므로 구조의 해체가 요구된다는 것이다.95) 데리다는

---

92) Geoffrey Bennington, *Interrupting Derrida* (London : Koutledge, 2000), p. 34.

93) *Ibid.*, pp. 10-11; Sim, *op. cit., supra* n. 87, p. 107.

94) *Ibid*; Bernard Smith, *Modernism's History* (New Haven : Yale University Press, 1998), p. 302.

"자아의 해체"를 주장했고, 베쓰(Roland Gerard Barthes)와 파울(Foucault, Michel Paul)은 "저자의 죽음"을 선언했다.96)

20세기의 시장경제 논리에 따른 대량생산, 대량소비의 경제 질서 속에서 대량생산의 주체인 자본주의 기업은 대중매체를 동원해서 대량소비의 주체인 소비자를 지속적으로 창출할 필요가 있게 된다. 이에 기업은 TV등 대중매체를 통해 소비자의 이상적 판단 능력과 도의적 양식을 마취시켜 소비자의 욕구를 기업의 의지대로 조작함으로써 대중을 그들이 조작하기 쉬운 욕망의 객체로 만들어 대중의 합리적 주체로서 존재가 해체되고 만다.97) 이에 해체주의는 대중문화에 기반을 둔 포스트모더니즘의 이론적 기초를 제공하게 된다.

제4절 결언

이상에서 포스트모더니즘이 형성되게 된 배경을 한편으로 현실적 측면에서 사회적·경제적 배경, 과학적·기술적 배경, 그리고 문화적·예술적 배경으로 구분하여 보았고, 다른 한

---

95) Sim *op. cit., supra* n. 87, p. 108-109 ; Christina Howells, *Dwrrida* (Oxford : Blackwell, 1999), p. 2.

96) Michel Foucault, "What is an Author?" in Charles Harrison and Paul Wood (eds.), *Art in Theory, 1900-1990* (Oxford : Blackwell, 1992), pp. 924-28 ; Roland Barthes, "From Work to Text," in *ibid.*, pp. 941-46.

97) Gilles Deleuze and F. Guattari, *Art-Oudipus* (London : The Athlone Press, 1984), p. 104.

편으론 이론적 측면에서 철학적 배경과 사회과학적 배경으로 구분하여 보았다. 현실적 측면에서 본 배경에 뒤 따라 이론적 측면에서 본 배경이 형성 된다고 볼 수 있으므로 현실적 배경이 이론적 배경보다 중요한 배경이라고 할 수 있으며, 현실적 측면에서 본 배경 중 문화적·예술적 배경을 사회적·경제적 배경에 뒤따라 형성되는 배경이라고 볼 수 있으므로 현실적 측면에서 본 배경 중 가장 중요한 것은 사회적·경제적 배경이라고 할 수 있다. 따라서 포스트모더니즘을 형성한 배경 중 가장 중요한 것은 사회적·경제적 배경을 이르고 있는 베트남전쟁·오일쇼크·녹색혁명이라고 할 수 있다. 그것은 "후기산업사회" 또는 "후기자본주의"의 실상을 표상하는 것이므로 포스트모더니즘은 "후기산업사회" 또는 "후기자본주의"가 주는 쾌락과 고민을 인정하면서 고민으로 부터의 탈출구를 모색하는 과제를 안고 있다. "후기산업사회" 또는 "후기자본주의"의 대량생산·대량소비 문화가 주는 향락에 탐익 하면서 이에 저항하려는 대중은 또 다시 대량생산·대량소비 문화에 압도되어 저항력을 잃고 오히려 이에 야합하고 있다. 이것이 포스트모더니즘의 결정적 난맥이다.

무릇 태양계에 정체란 존재하지 아니하며, 시대는 사회현상의 변화를 거부할 수 없는 것이다. 모더니즘을 형성한 배경의 변화로 포스트모더니즘이 형성된 것과 마찬가지로 포스트모더니즘을 형성한 배경이 변화되면 그에 따라 새로운 문화사조가 형성되게 될 것이다. 1960년대에 모더니즘은 종말되었고 포스트모더니즘은 시작되었다. 언제 포스트모더니즘이 종말되고 새로운 문화사조가 시작될지 지금으로서는 누구도 이를 예측할 수 없다. 그 시점이 언제라고 단정지을 수는 없으나 그것이 도래하게 되는 것은 역사의 필연이므로 우리는 이에 대비해야 할 것이다.

제5장

포스트모더니즘의 특성

제1절 서언

 포스트모더니즘은 지난 20세기 전반까지 서구의 문화와 예술을 지배해 온 모더니즘에 대한 반동으로 1960년대부터 출현한 양식과 사고의 사조라 할 수 있으나, 그의 개념은 지극히 다의적으로 사용되고 있다. 포스트모더니즘의 개념이 특징적인 것으로 정의되어 있지 아니하므로 포스트모더니즘의 전반에 관한 일반적 특성을 파악하는 일은 어려울 수 밖에 없다. 그러므로 브레드버리(Malcolm Bradbury)는 모더니즘 또는 포스트모더니즘이라고 불리 울 수 있는 문예운동은 존재하지 아니하며 오직 모더니즘들(modernisms) 또는 포스트모더니즘들(postmodernisms)이라고 불리 울 수 있는 다양한 운동이 존재할 수 있을 뿐이며 따라서 그에 대한 연구도 다양한 운동에 대한 개별적 연구만이 있을 수 있다고 주장한다.1)

이와 같이 포스트모더니즘의 개념의 다양성으로 인에 포스트모더니즘의 특성도 논자에 따라 다를 수 밖에 없다. 포스트모더니즘의 대표적 지지자 핫산은 "포스트모던 전망에 있어서 다원주의"(Pluralism in Postmodern Pers- pective)라는 그의 논문에서 포스트모더니즘의 특성을 (i)비결정성, (ii)파편화, (iii)탈정전화, (iv)자아의 분산, (v)비재시성과 비재연성, (vi)아이러니, (vii)잡종화, (viii)카니발화, (ix)행위와 참여, (x)구성주의, 그리고 (xi)내재성으로 열거했고,2) 제임슨은 "포스트모더니즘 또는 후기 자본주의 문화적 논리"(Postmodernism or the Cultural Logic of late Capitalism)라는 논문에서 포스트모더니즘의 특성을 (i)미학적 대중주의, (ii)문화 생산물의 경박성, (iii)역사성의 빈곤, (iv)의미의 해체, (v)행복감의 만연, (vi)비판을 위해 거리의 소멸, 그리고 (vii)재현 이데올로기의 약화를 열거했다.3)

---

1) Malcolm Bradbury, "Modernisms and Postmodernisms," in Ihab Hassan and Sally Hassan(eds.), *Innovation / Renovation : New Prespectives on the Humanities* (Madison, Wisconsin : University of Wisconsin Press, 1983), p. 332.

2) Ihab Hassan, "Pluralism in Postmodern Prospective," in *Postmodern Turn : Eassays in Postmodern Theory and Culture* (Columbus : Ohio State University Press, 1987), pp. 168-73.

3) Frederic Jameson, "Postmodernism or the Cultural Logic of late Capitalism," *New Left Review*, No. 146, 1984, pp. 53-92.

크라이머(Hilton Kramer)는 그의 논문 "포스트모던 : 1980년대에 있어서 예술과 문화"(Postmodern : Art and Culture in the 1980s)에서 포스트모더니즘의 특성을 (i)고습성의 상실, (ii)상상력의 분해, (iii)기준과 가치의 소멸, 그리고 (iv)허무주의의 승리를 열거 했으며,4) 베쓰는 그의 저서「포스트모던 시대」(*Postmodern Times*)에서 포스트모더니즘의 특성을 (i)초허구적, (ii)마술적 현실주의, (iii)대중성의 시작, (iv)신저너리즘, 그리고 (iv)초현실주의를 열거했다.5)

이상에 열거된 포스트모더니즘의 여러 특성은 상호간에 더러는 유사성이 있고, 더러는 모순성이 있다. 이는 포스트모더니즘이 더러는 모더니즘과 유사하고 더러는 모더니즘과 모순되는 데서 오는 당연한 귀결로 볼 수 있으며 또한 포스트모더니즘의 개념을 서로 달리 정의하는데서 오는 필연적인 결과라고 볼 수 있다. 모더니즘과 포스트모더니즘의 관계를 "단절"로 보는 견해에6) 의하면 포스트모더니즘의 특성은 상대적으로 단순화될 수 있으나 모더니즘과 포스트모더니즘의 관계를 "연장"으로 보는 견해에7) 포스트모더니즘의 특성은 상대적으로 복잡화될 수 있다. 그리고 모더니즘과 포스트모더니즘의 관계를 단절과 연장의 "절충"으로 보는 견해에8)

---

4) Hilton Kramer, "Postmodern : Art and Culture in the 1980s," *The New Criterion* Vol. 1, 1982, pp. 36-42.

5) Gene Edward Veith, *Postmodern Times* (Wheaton, IL : Crossway Book, 1994), pp. 127-4.

6) Fredrie Jameson, *Postmodernist Culture : An Introduction to Theories of the Contemporary* (Oxford : Basil Blackwell, 1989), p. 44.

7) Linda Hutcheon, *A Poetics of Postmodernism : History, Theory, Fiction* (London : Routledge, 1988), p. 18.

의하면 포스트모더니즘의 특성은 상대적으로 한 층 더 복잡화 될 수 있다.

여기서는 모더니즘과 포스트모더니즘의 관계는 포스트모더니즘은 모더니즘의 절충으로 보는 입장을 따르기로 하고, 또 상술한 포스트모더니즘의 여러 특성 중 상호 유사한 것을 통합·포괄하여 다음과 같은 특성을 제시해 보기로 한다. "포스트모더니즘에 대한 정의가 없음에도 불구하고(despite the lack of definitions) 포스트모더니즘에 관한 논의는 계속되어 왔다"(the debates went on and on)[9]

따라서 포스트모더니즘의 특성에 관한 논의도 앞으로 계속될 것이다.

제2절 자아의 해체성

I. 해체성의 개념

포스트모더니즘의 특성의 하나는 "주체적 자아의 해체"(deconstruction of subjective self-consciousness)이다.[10] 주체적 자아의 해체란 개인의 사고의 주체성, 인식의

---

8) David Smith Capon, *Architectual Theory Volume Two : Principles of Twenfieth - Century Architectwral Theory Arranged by Category* (New York : John Wiley and Sons, 1999), pp. 141-42.

9) Irving Sandler, *Art of the Postmodern Era* (Boulder, Colorado : Westview, 1998), p. 4.

주체성, 그리고 판단의 주체성을 배제하여 자아의 진리인식의 주체성을 거부하는 것을 의미한다. 포스트모더니즘의 특성으로서의 해체주의(deconstructism)는 전체주의적·체계주의적 이상을 비판하고 우연성과 차별성을 지닌 개개의 감성을 중요시한다. 이는 종래의 서구 철학이 주장했던 이성(reason) 및 합리성(rationality)에 기반을 둔 형이상학적 체계에 대한 반발로 형성되게 되었다.11)

해체주의는 전체주의적·체계주의적 이성을 비판하고 우연성과 차별성을 지닌 개개의 감성을 존중하며, 종래 서구철학이 지녔던 이성과 합리성에 기초한 형이상학체계에 도전하여 형식성의 와해를 제창한다. 해체주의는 종래의 형이상학은 이성을 중심으로 형성되었으므로 소위 "인간내부의 원초적 감성"의 몰락을 초래하게 되었으므로 기존의 형이상학은 부정되어야 한다는 것이다.12)

---

10) Carol L.. Bernstein, "Subjectivity as Critique and the Critique of Subjectivity in Keats's Hyperion," in Gary Shapiro (ed.), *After the Future Postmodern Times and Places* (New York : State University of New York Press, 1990), p. 42 ; Stuart Sim,"Deconstruction," in David E. Cooper (ed.), *A Companion to Aestheics* (Oxford : Blackwell, 1992), pp. 106-109.

11) Ibid ; John Johnston, "Ideology, Represent, Action, Schizophrenia : Toward a Theory of the Postmodern Subject," in Gary Shapiro (ed.), *After the Future Postmodern Times and Places* (New York : State : University of New York Press, 1990). pp. 68-69, 78-79.

12) John McGowan, *Postmodernism and Its Crirics* (Ithoma, NY : Cornell University Press, 1991), pp. 117-18, 156.

II. 해체성의 발전

데카르트의 "나는 생각한다. 고로 나는 존재한다"(Cogito, ergo sum ; I think, therefore I am)라고 주장함으로서 확립된 이성적 자아, 칸트(Immanuel Kant)의 "네가 목적왕국의 입법자인 것처럼 행위하라"고 표현함으로서 확립된 도덕적 자아, 그리고 뉴튼의 "가설은 꾸미지 않는다"라고 표시함으로서 확립된 과학적 자아가 통합된 주체적 자아(subjective self-consciousness)가 근세 이래 서구문화의 기초를 형성하고 있는 핵심적 개념이다.13) 근대 이후 서구의 대부분의 학자와 예술가는 주체적 자아문제를 부각시켜 휴머니즘의 흐름 속에서 학문활동과 예술활동을 하고자 했으며, 이러한 주체적 자아에 기초한 휴머니즘적 지능의 사회적 지위는 현대성의 문맥 속에 내재되어 있는 것으로 이해되어 있다.14) 그러나, 카스카드(Anthony J. Cascard)가 지적한 바와 같이 Kant에 의해 완성적으로 표현한 "주체적 자아의 철학"(philosophy of subjective self-consciousness)이 Hegel의 "현대철학"(modern philosophy)의 비판으로 표시된 "현대성의 문제"(problem of modernity)는 이미 수세기 낡은 것으로 되어 버렸다."15)

---

13) Wayne M. Mortion, *Idealism and Objectivity* (Stanford : Stanford University Press, 1997), p. 86 ; Christina Howells, *Derrida : Deconstruction from Phenomenology to Ethics* (Comnridge : Polity Press, 1999), pp. 32, 131, 156.

14) McGowan, *op. cit., supra* n. 12, P. 3.

15) Anthony J. Cascardi, "History, Theory, (Post) Modernity," in Gary Shapiro (ed.), *After the Future Postmodern Times and Places* (Albany, NY : State University of New York, 1990),

포스트모더니즘의 선구자라 불리워지는 니체는 "우리가 에고이즘을 비난할 때 말하는 에고란 전혀 존재하지 아니하는 것이다"라고16)하여 자아의 존재와 그 주체성을 부인하고 주체적 자아의 해체를 주장했다. 포스트모더니즘은 Nietzsche의 주장에 따라 실체(substance), 진실(truth), 그리고 이성적 근거(reason grounds)와 같은 전통적인 철학적 개념에 관한 극단적 회의주의를 수용한 것이다.17) 니체는 자아의 존재를 부정하고, 어떠한 실체도(any body) 그것이 혹은 생물학적·사회적·정치적(biological, social, or political)인 것인가를 불문하고 이는 지배자와 지배를 받는 세력간의 하나의 관계(a relationship between dominant and dominated forces)로 정의했다.18) 그는 자유를 향유할 수 있는 자아의 존재 (the existence of a self that might enjoy that freedom)를 부정하고 창조성은 에고에 의해 지배되지 아니하는 추진력으로부터 유출되는 것이라고 했다.19) 결국 니체는 "자아의 해체"(deconstruction of the self)를 인정한 것이라고 볼 수 있다.

데리다는 "자아의 해체"를 주장했다. 그가 주장한 자아의 해체는 "주체는 존재하지 아니 한다.(subject does not

---

p. 1.

16) Friedrich Nietzsche, Walter Kaufmon (ed.), Walter Kaufmon and R.T. Hollingdale (trans), *The Will to Power* (New York : Random House, 1967), p. 199.

17) McGowan, *op. cit., supra* n. 12, pp. 70-71.

18) Steven Best and Douglas Kellner, *Postmodern Theory* (New York : The Guilford Press, 1991), p. 81.

19) McGowan, *op. cit., supra* n. 12, p. 76.

exist)가 아니라, 행위자·저자·주인인 주체(subject who is agent, author and master of difference)가 존재하지 아니한다"20)는 것이다. 따라서 주체성(subjectivity)은 객체성(objectivity)과 같이 차이의 한 효과(an effect of difference)이며 차이나는 제도에서 새겨진 한 효과(an effect inscribed in a system of difference)인 것이다.21)

푸코는 "주체의 사망"(death of the subject)을 선언하고, "개인(individual)은 힘의 대항자가 아니라 힘의 주요효과의 하나(one of its prime effects)이다. 개인은 힘의 한 효과이고... 동시에 힘이 구성한 개인은 힘의 매개자(vehicle)인 것이다"라고22) 주장했다. 따라서 Foucault에 의하면 개인은 힘으로부터 떠나서 또는 힘 앞에서 설 수 없으며 개인은 힘에 의해서 구성되고 따라서 개인의 존재와 정체(existence and identity)는 힘의 효과 가운데 있다.(are among powers effects)는 것이며, 개인은 결코 그 자신의 자율적 희망이나 목적을 행사할 권력을 소유하지 아니한다는 것이다.23)

요타드(Jean-francois Lyotard)는 모더니즘으로부터 주체적 자아의 배제를 "개인은 주인이 아니다"(individuals are not masters)라고 강조했다.24) 그리고 그는 이를 운동경기

---

20) Jacques Derrida, Alon Bass (trans.), *Positions* (Chicago, University of Chicago Press, 1981), p. 28.

21) McGowan, *op. cit., supra* n. 12, p. 120.

22) Mchel Foucault, Colin Gorden (ed.), *Power / Knowledge* (New York : Pantheon, 1980), p.98.

23) McGowan, op. cit, supra n.12, p.127.

24) Jean-Francois Lyotard, "Interview : Jean - Francois Lyotard," Conducted by Georges van Den Abbeele, *Diacritics*,

에 비유하여 "우리들은 우리들이 경기에 참여할 수 있으나 그 경기를 할 수 없는 경기가 있다는 것(there are games that we can enter into but not to play them)을 안다"라고25)했다. 요타드는 개인 자신들은 측정불가능성의 영역을 한정하지 아니하며 (do not define the boundories of incommensurability) 측정 불가능성은 자아의 개념을 정신분열적 모형(schizophrenic model)으로 접근 시키고, 그러한 파편화(fragmentation)는 수동적 자아(passive self)속에서 사람은 각개의 게임에서 단순히 위치할 수 있고(simply positioned) 결코 그의 모든 활동에 있어서 유리한 점(vantage point)을 취득할 수는 없다는 결과를 인정한 것이다.26) 결국 요타드는 자유를 경험할 수 있는(able to experience freedom) 자아의 개념을 인정한 것이다.

이와 같이 모더니즘의 주체적 자아가 포스트모더니즘에 와서 배제되게 되는 현상을 제임슨은 "주체의 소외"(the alienation of the subject), "주체의 파편화"(the fragmentation of the subject) 또는 "주체의 사망"(the death of the subject)으로 정의했고,27) Stephen David Ross는 이를 "주체의 실종"(the disappearance of the subject)이라28) 명명했다.

Vol. 14, 1984, P. 17.

25) Jean-Francois Lyotard, Wlad Godzich (trans.), *Just Gaming*, (Minneapolis : University of Minnesota Press, 1985.), p. 51.

26) McGowan, *op. cit., supra* n. 12, p. 191.

27) Fredric Jameson, "Postmodernism, or The Cultural Logic of Late Capitalism," *New Jersey Review*, Vol. 146 (July-August 1984), pp. 53-94.

이와 같이 모더니즘에 의해 존중되었으며 자아의 중요성은 포스트모더니즘에서 배제되게 되었다. 이를 Daniel Bell은 "이제 모더니즘은 고갈되었으며, 다양한 형태의 포스트모더니즘은 단순한 개인적 에고를 제거하기 위한 노력으로 자아를 분해 시키는 것에 지나지 않는다"라고[29] 표현하고 있다.

 데카르트에 의해 창시된 이성적 자아, 그리고 이를 기초로 발전되어 온 도덕적 자아와 과학적 자아의 이름 아래 모더니즘은 자아의 주체성, 그리고 그에 근거한 개인주의를 기반으로 하여 휴머니즘을 실현하려는 것이었다. 그러나 모더니즘에 의해 오히려 억압받고 소외된 인간본성은 포스트모더니즘에 의해 자아의 해체로 진정한 휴머니즘을 실현하게 된 것이다.

 결국 포스트모더니즘은 모더니즘과 같이 휴머니즘을 기초로 하여 인간의 존엄성을 인정하여 궁극적으로 인간의 행복을 추구하는데 방향을 같이 하고 있다. 그러나 모더니즘과 포스트모더니즘은 기본적인 가정과 방법의 설정에 있어서 서로 다른 점이 있다. 모더니즘은 자아의 주체성을 인정하는 기본적 가정하에 출발하여 인간의 이성과 합리성을 존중함으로서 인간은 행복해 질 수 있는 것이나, 포스트모더니즘은 자아의 주체성을 부정하는 기본적인 가정하에 출발하여 기

---

28) Stephen David Ross, "Power, Discourse, and Technology : The Presence of the Future," in Gary Shapiro (ed.), *After the Future Postmodern Times and Places* (Albany, NY : State University of New York, 1990), p. 256.

29) Daniel Bell, *The Cultural Contradictions of Capitalism* (New York : Basic Book, 1978), p. 29.

존의 이성과 합리성을 모방한 기존의 관념은 인간을 행복하게 하는 것이 아니라 오히려 인간을 구속하고 있으므로 기존의 관념으로부터 과감히 탈피하여 자유롭게 되어있다. 인간은 행복해 질 수 있다는 것이다. 요컨대, 포스트모더니즘도 모더니즘과 같이 휴머니즘을 기초로 하고 있는 것이다.[30]

다만, 포스트모더니즘은 보편적 휴머니티의 개념을 해체하기를 요구하고 있는 것이 모더니즘과 다른 점이라 할 수 있다.

요컨대, 포스트모더니즘은 "생각하는 개인적 주체(the thinking individual subject)는 더 이상 현실을 존재로 생각하는 주체(the subject which thinks reality into existent)가 아니다"라고 제의하고 있다.[31]

제3절 양식의 다원성

I. 다원성의 개념

포스트모더니즘의 또 하나의 특성은 다원주의(pluralism)이다.[32]

---

30) Veith, *op. cit., supra* n. 5, p. 71.

31) Gen Doy, *Materializing Art History* (Oxford : Berg, 1998), p. 246.

32) McGowan, *op. cit., supra* n. 12, pp. 4-17. : Charles Jencks,

모더니즘은 자아의 주체성을 기반으로 한 인간의 이성의 합리성에 입각하여 일원화·획일화·총체화를 주장한데 반해, 포스트모더니즘은 자아의 해체를 근거로 일원화·획일화·총체화를 거부하고 다원화·개별화·분산화를 주장한다.33)

다원주의는 하나의 양식만이 존재하는 것이 아니라 동시에 여러 개의 양식이 공존할 수 있음을 인정하는 주의를 말한다. 따라서 다원주의는 어떠한 하나의 특정양식만을 특별한 관심이나 지지의 대상으로 인정하지 아니하는 것을 특징으로 한다. 이는 개인적 자아의 주체성을 해체하여 총체적 이성을 거부하는 포스트모더니즘의 필연적 귀결인 것이다.

포스트모더니즘의 다원주의적 특성이 개인적 자아의 주체성을 해체하여 총체적 이성을 부정하는 데서 오는 귀결이라는 것을 하베이(David Harvey)는 "모든 집단은 그들을 위해 말할 권리를 갖으며(all groups have a right to speak for themselves), 그들 자신의 소리 속에서 그 소리를 권위적이고 합법적인 것으로(as authentic and legitimate) 받아드릴 수 있다"라고34) 표시하고 있다.

총체적 이성이 부정되는 다원주의 하에서 각기 다른 모든 문화에 공통적으로 적용되는 단일의 문화 규범만이 존재하

The Language of PostModern Arthitecture, 4th ed. (New York : Rizzoli, 1984), p. 6 ; Chardes Jencks, *Post-Modernism* (New York : Rizzoli, 1987), p. 18 ; Steven Conner, *Postmodernist Culuture* (Oxford : Blackwell, 1989), p. 88.

33) McGowan, *op. cit., supra* n.12, 16-17 ; Jencks, *op. cit., supra* n.34, pp. 18-20.

34) David Harvey, The Condition of Postmodernity (Oxford : Blackwell, 1990), p. 48.

는 것이 아니라 각기의 사회마다 그 사회에 적합한 문화규범이 존재하게 된다. 이러한 다원주의의 중심적 규범의 해체의 특성을 데비(Nicholas Davey)는 "예술작품이 어떻게 수용, 평가, 해석, 기술되는지를 판단할 것(are perceived, evaluated, interpreted, described and judged)인가는 상이한 문화의 규범과 실제(the norms and practices of different cultures)에 의존한 것이다"라고35) 표시하고 있다.

이와 같이 포스트모더니즘의 다원주의적 특성인 중심적 규범의 해체로 포스트모던 예술가와 작가는 요타드가 기술한 바와 같이 "기 설립된 규칙(preestablished rules)에 의해 지배되는 원칙에 따라 작품을 제작한다는 것이 아니며 예술작품 자체가 추구하는 (the work of art itself is looking for) 규칙에 따라 작품을 제작하는 것이다."36)

이와 같이 포스트모더니즘은 동일시대에 다양한 양식의 공존을 허용하는 "양식의 다양성"을 인정하고, 동일시대에 사회마다 제각기 다양한 문화규범의 공존을 허용하는 "규범의 다양성"을 인정하는 다원주의에 입각하고 있다.

포스트모더니즘의 다원주의적 특성은 상대주의(relativism)를 철학적 기초로 한 것이다. 상대주의는 인식의 주체는 사물 사이의 연관 내지 관계만을 인식할 수 없다는 인식논이다. 상대주의는 인식하는 주관과 무관한 진리, 모든 인식은 상대적이며 항상 진리(truth)는 존재하지 아니하며, 모든 인

---

35) Nicholas Davey, "Relativism," in David E. Cooper (ed.), *A Companion to Aesthetics* (Oxford : Blackwell, 1992), p. 359.

36) Jean-Francois Lyotard, "What is Postmodernism" in Charles Harrison and Paul Wood (eds.) *Art in Theory, 1900-1990* (Oxford : Blackwell, 1992), p. 1015.

식은 상대적이며 항상 인식하는 주관에 의존하는 것이라고 주장한다.37) 따라서 상대주의를 인식의 근거로 삼는다는 것을 지식의 상대성을 인정한다는 것만을 의미하는 것이 아니라 객관적인, 즉 인간과는 무관계하게 존재하는 절대적 모형이나 기준이 존재함을 부정하고 절대적 모형이나 기준에 상대적 인식이 접근해 간다는 것을 부정한다. 이와 같이 동시대에 하나만의 양식이 절대적으로 존재할 수 있음을 전제로 하는 모더니즘의 일원주의와 동시대에 여러개의 양식이 상대적으로 병존할 수 있다는 포스트모더니즘의 다원주의는 상대주의를 철학적 인식의 기초로 하고 있는 것이다.

II. 다원성의 발전

19세기 후반에 시작된 모더니즘에서는 한 시대에 단일의 양식이 주류를 이뤄 오다가 다른 시대에 이루러, 또 다시 새로운 단일의 양식이 주류를 형성해 왔다. 모더니즘 하의 양식은 인상주의(impressionism), 상징주의(symbolism), 야수주의(fauvisme), 입체주의(cubism), 미래주의, 다다(Dada), 절대주의(suprematisme), 초현실주의(surrealism) 등의 단일의 양식으로 변천해 왔으며, 1950년대에 이르러서는 추상표현주의(abstract expressionism)가 전 세계의 미술을 지배했다.38) 이 기간 동안을 지배한 상술한 주류 양식이 이외의

---

37) Ibid; David Hume, "Of the Standard of Taste(1757)," in J.Stolnitz(ed.), *Asthetics* (London : Macmillan, 1964), pp. 86-87 ; Paul Johnson, A History of the Modern World, From 1917 to the 1980s (London : Weidfield and Nicolson, 1983), p. 48.

다른 양식은 거의 외면을 당했다는 것은 모더니즘이 일원주의에 입각하고 있었음을 실증하고 있다.

1960년대 미니멀 아트가 미술계를 지배했으나, 팝 아트(pop art)의 등장으로 구상미술(figurative art)과 비구상미술(non-figurative art)의 양대 흐름이 미술계의 사조를 양분하게 되면서 다원주의의 징후가 서서히 나타나기 시작했다.

1970년대 초에 모더니즘의 위세는 둔화되고, 모리스(Robert Morris)를 기수로 하는 포스트미니얼리즘의 대두로 모더니즘은 그의 예술계에서의 권위적 지위를 상실하게 되었다. 이를 계기로 프로세스 아트(process art), 개념예술(conceptual art), 신체예술(body art), 대지예술(earth art), 페미니스트 아트(a feminist art), 매체예술(media art), 퍼포먼스(performance) 등이 거의 동시대 예술계에 출현하게 되어 다원주의는 포스트모더니즘의 내용으로 발전되게 되었다. 이어 포스트모더니즘은 이전과 다른 어떤 새로운 요소를 포함한 경향들 전부를 포괄하는 복수적인 의미를 함축하게 되었다.

요컨대 포스트모더니즘은 상대주의 인식논을 철학적 기초로 하는 다원주의를 특성으로 하고 있으며, 따라서 동일시대에 절대적·합리적인 하나 만의 양식이 존재하는 것이 아니라 사회마다 그에 적합한 각기의 양식이 존재할 수 있음을 인정하고 있다.

---

38) Horst de lx Croix and Richard G. Tansey (eds.), Gardner's Art through the Ages, 7th ed. (San Diego : Harcourt Brace Jovanovich, 1980), p. 724-25 ; Richard Shusterman, "Popula Art," in David E. Cooper (ed.), A Companion to Aesthetics (Oxford : Blackwell, 1992), pp. 336-39.

제4절 문화의 대중성

I. 대중성의 개념

포스트모더니즘의 또 하나의 특성은 문화의 대중성(popularity)이다.39) 포스트모던 문화는 바로 대중문화(popular culture)인 것이다.

대중문화란 방대한 지역, 조밀한 인구밀도, 대량생산, 대량소비 등을 특징으로 하는 대중적 산업사회를 이끄는 지극히 서민적 정보매체인 신문·라디오·TV·영화·광고·만화 등의 대중매체(mass media)를 통해 기초적인 미학적 문제의 취급을 회피하여(avoided dealing with the basic aesthetic problems)형성되는 문화를 말한다.40)

엘리트 문화의 지배를 배척하고 소외된 대중의 정서, 서민의 욕구에 관심을 갖고, 확고한 철학이나 명백한 사상 없이 말초 감각적 쾌락성과 순간적 오락성에 초점을 맞추고 전통적인 철학적 미학의 중심적 고려를 하지 아니 하는 것을 특징으로 한다.

대중예술은 전통적인 민속예술(traditional folk art)과 구별된다. 전통적인 민속예술은 대량매체 기술(mass-media technology)과 문화산업(culture industry)과 관계없이 발전

---

39) Shusterman, *op. cit., supra* n. 44, p. 339 : Dominic Strinati, *An Introduction to Studing Popular Culture* (London : Routledge, 2000), pp. 230, 237-41.

40) Bernard S. Myers, *Art and Civilization* (New York : MoGraw-Hill, 1987), pp. 294-95 ; Strinati, *op. cit., supra* n. 47. pp. 39-40.

되고 존재한다는 진정한 대중예술(true popular art)인 점에서 대중예술과 구별된다.

포스트모더니즘 문화 속에서 대중은 주체적 자아를 지키고 한 걸음 더 나아가, 구체적 자아를 실현하는 데에 어떤 정신적 부담이나 의무감 등 또는 심리적 갈등이나 소외감 등을 의식하지 아니한다. 대중은 대중매체를 통해 전달되는 대중예술을 즐김으로써 부담 없는 행복감을 별다른 생각 없이 누리면 되고 그들에 있어서 모든 현상을 우연적·유희적·일시적 사실에 불과한 것이다. 그들에게 예술은 사회현실의 총체적 표상일 수 없고, 본질적 가치일 수도 없으며, 인간성의 이상적 표현일 수도 없다.

따라서 그들에게 총체적 인식이나 총체적 개혁에 어떠한 관심도 없으며, 그들은 삶의 다양성·무작위성·우연성을 자연스러운 현상으로 수용하여 유희적 행복감을 느끼는 것으로 만족한다. 오늘 우리는 이러한 대중이 존중 받는 포스트모더니즘의 시대에 살고 있다. 실로 "영웅이 없는 시대에 있어서 (in an age without heroes) 20세기는 보통사람의 영감을 위해 보통사람의 존재(to ordinary human existence)를 향해 점진적으로 전환되었다.(has turned increasingly)."[41]

II. 대중성 발전

대중문화는 원래 19세기 유럽에서 소위 "고급예술"(high art)에 대항하여 가벼운 오락거리가 될 수 있는 예술을 원하

---

41) Michael Wood, Brace Cole and Adelheid Gealt, *Art of the Western World* (New York : Summit Books. 1989), p. 313.

는 서민대중층 사이에서 싹트기 시작했다. 그러나 19세기말 모더니즘의 등장, 이후 대중문화는 그의 통속성으로 인해 문화예술계에서 소외 되었으며, 특히 모더니즘이 절정에 달한 20세기 중반에는 큰 논란의 대상이 되었고 결국 모더니즘에 의해 배척되고 말았다.

제2차대전 이후의 미술비평과 모더니즘 사고를 지배한 형식주의의 제창자 Clement Greenberg는 대중문화를 저속한 작품(kitsch)에 비유하면서 이를 배척했다.42) 맥도날드(Dwight Macdonald)는 대중문화를 저속한 문화라고 비난하고, 그는 "대중예술과 미학적 정통성의 부재로 대중문화는 좋지 않고 또 결코 좋아 질수 없는(Mass Culture is not and can never be any good) 이론적 근거(theoretical reasons)가 있다"고43) 하여 대중문화를 배척하였다.

그러나 1960년대부터 등장하기 시작한 팝 아트(pop art)로 인해 미술계에서 대중문화를 보는 시각이 변화되기 시작했으며, 1970년대 후반부터 본격적인 두각을 나타낸 퍼포먼스아트, 매체예술, 비디오 아트(video art) 등에서 3류 드라마와 소설 그리고 상품광고와 같은 지극히 대중문화적인 주제가 본격적으로 등장하게 되었다. 1980년대 중반부터 포스

---

42) Clement Greenberg, "Avant-Garde and Kitsch," in Charles Harrison and Paul Wood(eds.), *Art in Theory, 1900-1990* (Oxford : Blackwell, 1992), pp. 530-31.

43) Dwight Macdonald, "A Theory of Mass Culture," in B. Rosenberg and D. White (eds.), Mass Culture : The Popular Arts in America (Glencoe, IL : Free Press. 1957), p. 69.

트모더니즘이 전성기에 접어들게 됨에 따라 예술가들이 직접 상품광고에 출연하거나 디스코 클럽에서 작품을 설치하는 아티스코(artisco)가 등장하기도 했다. 이러한 현상은 시대적 요구와 사회적 상황과 유리되어 일반 대중의 욕구를 외면한 예술은 산 예술이 될 수 없다는 예술가의 반성과 자각에 기초하여 나타나게 된 것이다. 예술가들은 일상생활로부터(from every day life) 특히 대중매체로부터 지극히 평범한 주제(most ordinary subjects)와 상투적인 문체(stylistic cliches)를 공통적으로 사용하게 되었다.

또한 포스트모더니즘은 모더니즘하에 적대시 되었으며 대중문화를 수용하였고 "대중예술을 산업사회의 주목할 만한 특징적 성취(remarkable and characteristic achievements)의 하나로 보면서" "문화의 정의는 거대한 청중의 압력의 결과로서(as a result of the pressure of the great audience) 변경되었다."[44]

제5절 양식의 절충성

I. 절충성의 개념

포스트모더니즘의 또 하나의 특성은 양식의 절충성

---

44) Lawrence Alloway, "The Arts and the Mass Media," in Charles Harrison and Paul Wook (eds.), *Art in Theory, 1900-1990* (Oxford : Blackwell, 1992), p. 701.

(eclecticity of style), 즉 전형의 해체(deconstruction of text)이다.45) 특히 과거의 양식과의 절충성을 복고성(restoration)이라 한다.46) 절충주의는 새로운 양식을 창조하기에는 창작이념이나 정체성이 부족하여 다른 유파나 작품에서 특징적인 요소 또는 양식 등을 차용(appropriation)하고자 하는 주의를 말한다. 절충주의를 "역사주의"(historicism)라고도 하는데, 이는 과거의 양식을 차용한다는 의미에서 유래되는 용어이다.47)

절충주의는 과거의 양식을 차용하는 주의로, 차용이란 과거의 예술사 속에 또는 대중매체 등을 통해 등장하거나 등장하고 있는 현재의 예술 속에서 시각적 이미지를 그대로 이용하거나 또는 빌려 온 이미지에 새로운 아이디어를 합성시켜 또 다른 새로운 작품을 만들어 내는 표현방법을 말한다.48) 특히 기성작품들 중에서 부분적인 이미지를 빌려 조합하는 표현 방법을 부리콜라주(bricolage)한다.49) 차용은 미술계에서 메타랭귀지(metalanguage)의 적용이 본격적으로

---

45) Richard Shusterman, "Text," in David E. Copper (ed.), *A Companion to Aesthetics* (Oxford : Blackwell, 1992), pp. 418. 420.

46) David Carrier, "Conservation and Restordtion, in David E. Copper (ed.), *A Companion to Aesthetics* (Oxford : Blackwell, 1992), p. 85.

47) Stefan Muthesius, "Eclecticism," in Jane Turner (ed.), *The Dictionary of Art*, Vol. 9 (New York : Macmillan, 1996), pp. 703-704.

48) H. Harvard Arnason, Marla F. Prather, and Daniel Wheeler, *A History of Modern Art*. 4th ed. (London : Thames and Hudson. 1998), p. 712.

49) *Ibid.*, pp. 713-14.

성행된 1980년대 후반기에 네오지오(neogeo) 작가들과 시물레이셔니즘(simulationism) 작가들에 의해 주도적으로 이용되었다. 이와 같이 과거 또는 현재의 양식을 차용하는 방법에 의하는 절충주의는 모든 예술작품은 영향력 변화의 조합을 재현하는 것으로 정의된다. 원래 철학적 용어로서의 절충주의는 수개의 상호 대립·상충되는 사상을 절충·조화하며 최적의 사상을 도출하는 주장을 의미하는 것이다.

포스트모더니즘은 한편으로 모더니즘을 저항·배척하면서, 다른 한편으로 모더니즘을 반복·수용하여 모더니즘의 역사주의를 계승하는 절충주의에 입각하고 있는 것이다.

II. 절충성의 발전

절충주의는 원래 철학적 용어로, 그 역사는 고대 그리스에서부터 시작되어 18세기에 이르러 디더루션(Denis Diderotion)에 의해 편견과 권위주의로 부터의 자유에 대한 계몽적 태도와 연계하여 부활되게 되었다.[50] 철학자 쿠신(Victory Cousin)은 "새로운 아이디어의 계속적인 탐구를 거부하고 철학은 이미 존재하는 모든 주장으로부터 주의 깊게 선택하고 조합하는 것이 되어야 한다"고 제의했다. 이는 1840년대에 있어서의 건축의 기초는 상태를 고도로 차용화한 것 이였다.

19세기 중엽에 절충주의의 이론은 달리(Cesar-Denisi Daly)에 의해 명백히 형성되게 되었다. 그는 1840년대에 고전주의자(the classicist) 로쳇(Raoul Rochett)와 프랑스 고

---

50) *Ibid*,

딕 부활주의자(the French Gothic Revivalist) 라쑤스 (Jean-Baptist Lassus) 간의 열띤 논쟁을 비평 하였으며 Daly는 그의 절충주의의 중재이론을 형성했다. 영국의 건축 지 빌더(*The Builder*)도 이 노력을 열열히 추종했다. 영국의 절충주의의 열열한 지지자 홉(A. J. B. Hope)는 인정할 만 한 차이가 있는 장식적 세부의 조합(combination of recognizably different decorative details)이 디자인 경쟁에 있어서 명백한 것으로(apparent in the competition design) 되었다고 하여 절충주의를 주장했다.51)

20세기에 와서 모더니즘의 영향하에 절충주의는 더 이상 주장될 수 없었다. 아방가르드(avant-grade) 정신에 따라 끊임없는 변화와 발전을 추구하여 이상형을 실현하려는 모더니즘하에서 기존 예술양식의 절충이란 통속적인 예술에서나 볼 수 있는 저급 예술(low art)로 배척될 수 밖에 없었다.52)

그러나 포스트모더니즘이 시작되게 됨에 따라 절충주의는 포스트모더니즘의 내용으로 수용되게 되었다. 따라서 절충주의는 신표현주의 (neo-expressionism), 네오지오(neogeo), 시뮬레이셔니즘(simulationism)으로 표현되게 되었다.53)

신표현주의는 20세기초의 표현주의(expressionism)에 역

---

51) *Ibid*. p.705.

52) Capon, *op. cit., supra* n. 8, p. 118-19; Muthesius, *op. cit., supra* n.61, pp. 704-705 ; Arnason, Prather, and Wheeler, *op. cit., supra* n.62, p. 605.

53) Paul Vogt, "Expressionosm," in Jane Turner (ed.) *The Dictionary of Art,* Vol. 10 (New York : Macmillan , 1996), p. 696 ; Arnason, Prather, and Wheeler, *op. cit., supra* n. 62, pp. 699-711.

사적 이미지를 절충한 주의, 즉 전통적인 종래의 형식과 감정적 내용의 이미지를 절충한 것으로 모더니즘과 개념미술에 대한 반발로 대두되게 되었다.

네오지오는 신기학적 개념주의(neo-geometric conceptualism)의 약어로 신개념주의(neo-conceptualism)에 속하는 것으로 개념미술과 대중미술을 절충한 것이다.

시뮬레이셔니즘은 현실의 한 장면이나 사건을 컴퓨터 등의 기계장치나 복제방법을 이용하여 오리지날리티(originality)가 없는 복제품이나 모조품을 생산해 내는 원리에 바탕을 둔 이론을 말하는 것으로 이는 오리지날리티와 원작자의 가치와 모조와 위작의 예술적 당위를 절충한 것이다.

요컨대, 포스트모더니즘은 과거의 양식 또는 등장되고 있는 현재의 양식을 차용하여 새로운 양식을 창출하는 절충주의에 입각하고 있다. 따라서 포스트모더니즘하에 전형(text)은 해체될 수 밖에 없는 것이며 포스트모더니즘은 시대적 상황의 변화에 따른 문화적 전환·추이를 과거의 문화적 경향과 대립적인 것으로 평가하나 그 대립은 상호보완적·상호계승적 의미를 갖는 것으로 보는 절충주의에 입각하고 있는 것이다.

이에 따라 고급예술과 저급예술의 경계가 무너져 양자의 절충으로 대중적 양식과 사조를 형성·지배하고 과거문화와 현대문화의 구분이 깨져 양자의 절충·승화로 양식과 사조를 형성·지배하게 되었다. 따라서 포스트모더니즘은 절충의 방법으로 무한한 네오(neo)의 연속적 진행을 가능하게 하고 있다.

제6절 결언

이상에서 고찰해 본 바와 같이 포스트모더니즘은 "자아의 해체성", "양식의 다양성", "문화의 대중성", 그리고 "내용의 절충성" 등의 특성을 갖고 있다. 그러나 여기에 제시된 포스트모더니즘의 특성은 그것에 한정되는 것이 아니라 그 이외의 다른 특성이 얼마든지 더 제시될 수 있다는 점에서 이는 "한정적"인 것이 아니라 "예시적"인 것이라고 할 수 있다. 따라서 이상에 제시된 포스트모더니즘의 특성은 포스트모더니즘의 특성 중에서 중요한 것만을 열거한 것이라 할 수 있다.

이상에서 열거된 특성이외에 더 어떠한 특성이 열거 될 수 있느냐는 주로 포스트모더니즘과 모더니즘의 관계를 어떻게 파악하느냐에 따라 달라지게 된다. 즉, 포스트모더니즘과 모더니즘의 관계를 "단절"로 보느냐, "연장"으로 보느냐, 또는 단절과 연장의 "절충"으로 보느냐에 따라 더 열거될 특성이 달라지게 된다. 포스트모더니즘과 모더니즘의 관계를 "절충"으로 볼 경우에 더 추가될 특성은 상대적으로 많아 질 수 있을 것이다.

또한 포스트모더니즘의 시대구분의 한계를 어떻게 보느냐에 따라 포스트모더니즘의 특성으로 열거될 사항이 달라지게 된다. 사회현상은 시간의 흐름에 따라 꾸준히 발전 변화해 나가므로, 시간의 흐름에 따라 포스트모더니즘의 특성도 변화될 수 밖에 없으며, 특히 포스트모더니즘이 그의 시대사적 기능을 다하고 그의 뒤를 이을 새로운 문화·예술의 사조와의 시대적 한계를 어떻게 규정하느냐에 따라 이는 변화될 수 밖에 없는 것이다.

　요컨대, 포스트모더니즘의 상술한 몇 가지 특성은 포스트모더니즘 자체에서 포스트모더니즘을 보는 "상대적"인 것이라 할 수 있다. 포스트모더니즘이 그 외의 문화·예술적 기능을 다하고 역사의 뒤로 퇴조되게 될 때 우리는 포스트모더니즘의 특성을 새로이 등장하는 사조와의 관계에서 재정리해야 할 것이다.

제6장

포스트모더니즘의 역사적 전개과정

제1절 서설

포스트모던이란 용어가 최초로 사용된 것은 1870년경에 영국의 화가 채프만에 의해 "포스트모던회화"(postmodern painting)라는 용어가 사용된 것을 둘 수 있다. 그 이후 1917년 독일의 사회학자 펜위쯔에 의해 "포스트모던 맨"(postmodern men)이라는 용어가 사용되었으며, 1934년에 스페인의 문학비평가 오니스에 의해 "포스트모더니스모"(postmodernismo)라는 용어가 사용된 바 있다. 그 후 1946년 영국의 역사학자 토인비에 의해 "포스트모던 시대"(Postmodern Ages)라는 용어가 사용되었다. 그러나 포스트모더니즘의 시대가 전개된 것은 1960년대 부터라는 것이 일반적인 견해이다.

제2절 1960년대

찰스 젱크스는 1972년 7월 15일 오후 3시 32분이 모더니즘이 종료되고 포스트모더니즘이 시작된 정확한 시간이라고 한다. 바로 그 시간에 미국의 성 르이즈에서 모더니스트 건축의 절정인 "프루트 아이고"(Pruitt-Igoes) 주택단지가 폭파되었다1) 젱크스는 이 사건을 통해 대규모의 주거환경이 초래한 인간의 상실 또는 기계적 주거환경에 대한 대안적 방법으로 고층 주거의 방식에서 탈피해 커뮤니티와 프라이버시가 조화되고 단위주택의 독자성이 강조된 저층형의 고밀도 집합주택의 건축에 매력을 느꼈다. 그는 고층아파트의 취약한 안전성 뿐만 아니라 공사비와 공시기간 등을 고려할 때에 실상 저층주택보다 유리하지 못한 사실을 직시했던 것이다. 이러한 젱크스의 주장에도 불구하고 포스트모더니즘은 1960년대에서부터 전개되기 시작했다는 것이 일반적인 견해였다.2)

---

1) Charles Jencks, *The Language of Post-Modern Architecture* (London : Academy Esitions, 1984), p. 9 ; Gene Edward Veith, *Postmodern Times* (Wheatim, IL ; Crossway. Book, 1994), p. 39.

2) Dominic Strinanti, *An Introduction to Studying Popular* Culture (London : Routledge, 2000), p. 111 ; Caroline A. Jones, "Postmodernism," in Janc Turner (ed.), *The Dictionary of Art*, Vol. 25 (New York : Macmillan, 19960), p. 358 ; Martin Kemp (ed.), *The*

[그림 6-1] "프루트 아이고" 주택단지가 폭파, 1972

 1960년대 포스트모더니즘은 대중적 문화의 표현인 팝아트에 의해 전개되기 시작했다. 팝아트는 제2차세계대전의 종전과 더불어 영국의 지식인들과 예술가들 사이에서 미국의 대중문화를 무의식적으로 수용하면서 시작되었다. 이 모임은 맥클한(Marshall Mcluhan)에 의해 주도되었다. 이들은 1950년대 아방가르드의 엘리트들을 중심으로 모였고, 새로운 대중매체를 통해 의식을 형성했다. 이 모임에서 인류학과 기호학이 논의 되고 모든 문화는 기호의 연속 이거나 정보교환의 형태라는 원칙을 제시했다.
 팝아트의 팝은 파퓰라에서 유래된 것으로 이는 일상적인 생활에 범람하는 대중적 이미지에서 주제를 취하는 미술의 경향으로, 대중매체문화의 우위적 지배와 고급예술의 형식으로부터 대중의 점증적 소외를 통해 논의의 주제로 등장하게 되었다.
 팝아트의 개념의 창시자이고 옹호자로 불리워지는 알로웨이가 기술한 바와 같이 팝아트는 런던의 아방가르드 그룹을

Oxford History of Western Art (Oxford : Oxford University Press, 2000), p. 494.

형성하고 있는 도시의 전문가들과 젊은 노동계층의 만남을 통해 형성 발전되어 온 것이다.3) 대부분의 지식인들이 상업문화의 표준을 혐오하고 있지 않으며 오히려 그것을 사실로 인정하고 상세하게 논의하는 정열을 받아 드리고 있는 것이다.

이 시대에 헤밀톤과 몇몇 예술가는 이러한 새로운 정열을 나타내는 여러개의 팝 꼴라지를 제작했다. 이 작품들은 특히 추상과 복잡한 풍자와 같은 모더니스트의 방법과 밀접하게 연관 되어 있으며, 대중문화의 형상을 사용했을 지라도 비평가들이 비난하듯이 상투적이거나 또는 민중과 영감하는 것이 아니였다. 그렇다고 이 작품들이 고급예술과 저급예술, 그리고 과거와 현재의 심오한 결합을 나타내는 것은 물론 아니었다. 이시기의 팝아트는 어떤 노력은 요구하지 않으며, 청중으로부터 어떤 독립적인 사고를 기대하지도 않는다는 특성을 갖고 있다.4)

팝아트는 영국에 뒤이어 미국에서 독자적으로 성장했다. 미국에서 팝아트는 더욱 성급하고 급속한 경향을 보였으나, 방법과 의도에 있어서 영국의 경우와 마찬가지로 혼합적인 것이었다. 예컨대, 혼합 스타일의 시조라 할 수 있는 미국의 화가 라우션버그는 거칠게 두드려지는 이질적인 물체들을 불균형하게 결합시켰다. 그의 콤바인 페인팅(combine paintings, 합성미술)을 구성하는 방법과 재료를 보면, 오래

---

3) Quoted from Lucy Lippard, *Art* (London : Thomas and Hudson, 1966), p. 32.

4) M. Horkheimer and T.W. Adorno, *Dialectic of Enlightenment*, (New York : Countinuum, 1989), p. 137 ; Shusterman, *op. cit., supra* n. 3, p. 338.

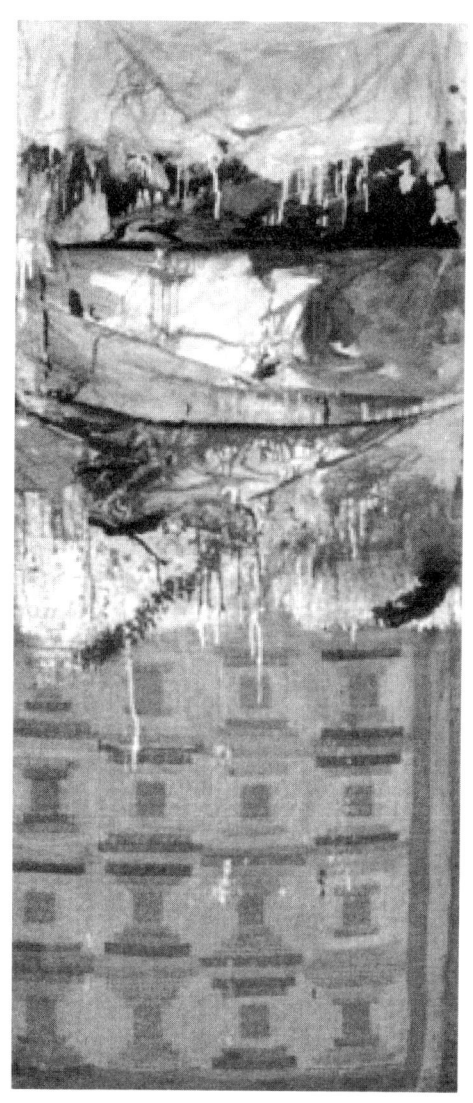

[그림 6-2] 라우젠버그, 침대, 1955

[그림 6-3] 라우젠버그, 결합문자, 1959

[그림 6-4] 존스, 성조기, 1954

된 사진, 헝겊 조각이며, T셔츠에 이르는 온갖 잡동사니를 모두 찾아 볼 수 있다. 1954년 제스퍼 존스의 《성조기》5)는 한 폭의 그림인 동시에 깃발이기도 하다.

하지만 실제 깃발과 그림에 담긴 깃발은 성조기로서 동일시 할 수 있는 것도 아니고, 그렇다고 두 가지를 분류할 수도 없다. 이런 상태에서 존스는 밀랍이 순식간에 마르기 때문에 손으로 작업을 한 흔적이 그대로 보존될 수 있는 점을 좋아했다. 죤스의 《성조기》는 물체를 어떤 서술이나 묘사에 개입시키려는 의도가 전혀 없으며 모든 사람들이 잘 알고 있는 물체를 아무런 주위 상황 설정도 없이 단순히 하나의 물체로서 보여주었다.6) 이러한 60년대 신표현주의는 거친 터치와 거대한 화면, 콜라쥬와 몽타쥬의 형식상 도입과 다양한 오브제의 사용, 그리고 내용상으로는 종교, 신화, 죽음, 성(聖)과 속(俗)을 오늘의 사회 이미지에 실존적 감각을 복합적으로 수용함으로써 사회생활과의 관계를 인위적으로 모색하려는 것이다.

1959년과 1960년에 개최한 라우션버그의 회고전에서는 젊은 관객과 늙은 관객의 혼합, 기성세대와 신진세대의 혼합에 의한 추상표현주의적 작품이 특징을 이루고 있었다.7)

1965년까지 이러한 단절된 포스트모더니즘적 미학의 경향을 형성하게 되었으며, 1965년까지 이러한 경향은 이미 모

---

5) H. H. Arnason, *History of Modern Art* (Englewood Cliffs : Prentice-Hall, INC., 1995), p. 580.

6) H. W. Janson, *History of Art*, 5th ed. (New York : Harry N. Abrams, 1995), p. 806.

7) Charles Jencks, Post-Modernism : *The New Classicism in Art and Architecture* (New York : Rizzoli, 1987), p. 15.

두가 공유하는 양식으로 성숙되었다. 그리고 이러한 재작 양식은 수 백명의 팝 아티스트에 의해 능숙하게 적용되었으며 예술의 장이 민주화 되었다는 것을 의미한다.

한편 "포스트모더니즘은 예술의 민주적 형태의 하나이다".8) 이와 같이 포스트모더니즘을 예술의 민주적 형태의 하나로 보는 이론에 대해 피들러(Leslie Fiedler)는 1965년에 반문화는 주로 탈인도주의적, 탈남성적, 탈백인적, 탈영웅적, 그리고 탈유태인적 형태를 띠고 있다고 했다.9)

1960년대의 포스트모더니즘은 부분적으로 록이나 포크음악에 의해 영감을 받은 자아의식이 거의 없는 팝 문화였으며, 특이한 반항 의식을 나타냈던 히피(hippies)나 이피(yippie), 그리고 다양한 여러 소규모의 그룹으로 구성되어 있었다.

1960년에 많은 학자와 젊은이들이 현대 문명의 결과에 대해 의문을 갖기 시작했으며, 베트남전쟁은 그들에게 자본주의, 기술, 그리고 미국 민주주의의 전통의 악(evils)을 요약해 주는 것이였다.10) 그러나 1960년대의 팝아트는 전통적인 철학적 미학의 중심적 고려를 제기하지 못 한 것이였다.11) 결론적으로 포스트모더니즘은 1960년대에 영국과 미

---

8) Paul A. Canter, "Waiting for God to and the End of History : Postmodernism as Democratic Aesthellyic," in Arthur M. Melzer, Jerry Weinberger, and M. Richard Zinman (eds.), *Democracy of the Arts* (Ithaca : Cornell University Press, 1999), p. 173.

9) Quoted from Lucy Lippard, *op. cit., supra* n. 4. p. 18.

10) Gene Edward Veith, *Postmodern Times* (Wheaton, : Crossway Books, 1994), p. 40.

11) Richard Shusterman, "Popula Art," in David E. Cooper (ed.), A

국에서 등장한 팝아트에 의해 전개되기 시작되었다. 그러나 1960년대의 청년문화는 미학적·철학적으로 체계화된 것은 아니였으며, 소박하고 조리가 없는 것으로 심각한 영향을 준 것이다.

제3절 1970년대

1970년대의 포스트모더니즘은 절충주의와 사실주의의 양식으로 전개되었다. 1970년대에 접어들면서 당시까지 비표정 및 이론상의 개념으로 머물러 있던 포스트모더니즘은 예술운동으로 전개되기 시작했다. 당시 정치, 문화적으로 개방된 미국의 다원적 상황은 엘리트 아방가르드로서의 모더니스트들이 대중문화에 대해 적대적이라는 개념을 변화시켰다.

1971년에 핫산의 "포스트모더니즘 : 양측비평적문헌"이란 논문이 발표된 이후에 비로서 포스트모더니즘이라는 운동에 이름이 실제로 주어졌고 계보를 형성하게 된다.

특히 건축분야에서 포스트모더니즘은 활발히 전개되게 되었으며 이를 선도한 대표자로 젱크스와 벤츄리(Robert Ventury)를 들 수 있다. 젱크스는 1970년대 건축을 특징짓는 표현으로 포스트모더니즘이란 용어를 사용했으며,[12] 건축적 의사소통의 모형에 새로운 감수성을 강조했다.

벤츄리는 근대건축에서 현대건축으로의 전환기에 대단히

Companion to Aesthetics (Oxford : Blackwell, 1992), p. 336.

12) Paolo Poetoghes, *Post Modern* (New york : Rizzoli, 1983), p. 10.

중요한 건축가라고 평가 받고 있는 인물이다. 그는 건축에 대한 혁신적 이론을 발표해 1960년대 이후에 건축가들에게 상당한 영향을 끼쳐온 대표적 건축가이다. 1966년에 발표한 그의 "건축의 복합성과 대립성"(Complexity and contra-diction)은 건축을 대중문화(Pop Art)와 결합시킨 유명한 건축이론 중의 하나이며, 기능과 구조 등의 내적인 요소는 물론 도시 환경이라는 외적인 상황의 모든 문제가 디자인에 반영되어 하나로서 취급되는 "난해한 질서"를 추구했다.13) 그의 건축 작품의 하나인 《배나 벤츄리 하우스》 (Vanna Venturi Hous)는 이러한 측면을 강조하는 그의 대표적 작품

[그림 6-5] 벤츄리, 배나 벤츄리 하우스,
1962

---

13) Steven Connor, *Postmodernist Culture* (Oxford : Blackwell, 1989), p. 70.

이다. 이주택은 복잡하면서도 단순하고, 개방적이면서도 폐쇄적이며, 커다란 느낌을 주지만 작다. 이 주택은 작지만 커다란 스케일을 사용해 외부와 내부의 복합성을 상쇄시키고 있으며 작은 건물과 커다란 스케일의 결합으로 이루어진 복합성은 매우 번잡한 느낌을 주고 있지만 이 주택 처럼 작은 건물 속의 커다란 스케일은 적당한 건축적 긴장감을 제공하고 있다.

한편 벤츄리는「라스베가스로 부터의 교훈」(Learning From Las Vegas)이라는 그의 저서를 통해 라스베가스의 도로변 간판, 조명문화 포장 속에서 발견되는 도로의 모습을 반영하는 건축을 제의했다.14)

우리는「라스베가스로 부터의 교훈」에서 그의 예술이 점차 대중적으로 변해가고 있는 모습을 볼 수 있으며 라스베가스의 도로변의 상업적인 스트립에 초점을 맞춘 미국식 모습의 뿌리를 찾아보려는 그의 생각을 읽을 수 있다.

1970년대의 포스트모더니즘은 아방가르드에 대해 반항적이었다. 핫산은 "포스트모더니즘은 기본적으로 형태에 있어서 본질적으로 전복적인 것으로, 문화 정신적인 면에서 무정부적인것이다"라고 했다.15) 즉, 포스트모더니즘에 있어서 초아방가르드주의가 강조되는데, 몇 몇 문화비평가, 철학자, 다수의 예술가들이 비판 없이 이 사조를 역사적인 진실로 수용하고 있는 것이다.

1970년대의 포스트모더니즘은 양식에 있어서 절충주의적

---

14) *Ibid*; Robert Venturi, *Learning from Las Vegas* (Combrige, Mass : MIT Press, 1977). pp. 135-36.

15) Chareles Jencks, *Post-Modernism* (New York Rizzoli , 1987), p. 14.

이었다. 이 시기에 작가들은 과거를 참조했고 자랑스럽게 재연하기로 했다. 예술가나 건축가들이 전통과 새로운 것을 결합하면서 전통을 비판하려는 시도를 가진 것인지 아니면 그러한 시도 없이 단순한 혼란을 거듭한 것인지는 구별하기 어렵다. 이러한 절충주의에서 나타나는 공통점은 고급예술, 고상한 취향, 고전주의 또는 모더니즘과 같은 안정된 범주에 대한 개념에 도전을 가져왔다는 것이다. 그러면서도 교훈적이고 도덕적인 복잡한 예술로 돌아가려는 경향도 보이고 있다. 즉 절충주의 양식은 장르와 범주를 혼합하는 것으로서 이 시기 포스트모더니즘 전 분야에서 공식화되었으며 대중문화와 모더니즘이 건축, 영화, 음악 등의 전 분야에서 뒤섞여 나타나면서 고전주의 모더니즘, 고급예술, 고상한 취미 등의 개념을 비판했다.

1970년대의 포스트모더니즘은 사실주의를 기반으로 하고 있다. 사실주의는 현실을 존중하고 객관적으로 묘사하려는 예술제작의 태도 또는 방법을 말한다. 묘사하려는 대상을 양식화·이상화·추상화·외곡화 하는 방법과 달리 대상의 세부적인 특성까지 정확히 재현하고 객관적으로 기록하려는 현상이다.[16]

신사실주의(neo-realism)는 이미 1962년에 미국과 프랑스에서 팝아트의 다른 이름으로 사용되었다. 그러나 1970년대에 미국에서 새로운 형태의 사실주의를 의미하는 것으로 사용되기 시작했다. 전통적인 사실주의는 일본주의적인 내용을 지녔고 관찰한 실제 사물을 사실로 착각하도록 묘사했으며

---

[16] Crispin Sartwell, "Realism," in David E. Cooper (ed.), *A Companion to Aesthetics* (Oxford : Blackwell, 1992), p. 354.

추상에서 나온 평면적인 화면공간을 배격했다.

이와는 달리 신사실주의는 추상표현주의에서 근본적으로 탈피한 미술임에도 불구하고 평면화된 공간, 거대한 캠퍼스, 모더니즘, 회화의 단순화된 색채 사용 등의 특징을 그대로 수용했으며 1970년대부터 사실주의의 전통은 끊임 없이 다양성과 강도를 계속해서 응집시켰다.

1972년의 《5 리얼리스머스》(5 realismus)라고 불렀던 다큐멘터리 쇼, 1972년에서 1973년까지 파리의 4운동 화랑(The Galerie des 4 Movements)에서 개최된 《미국의 극사실주의 화가들》(The Hyperealism Americans), 1975년 보스톤 순수예술관에서 주최한 "현대 사실주의 회화의 경향"등에서 포스트모더니즘은 사실주의로 표현되었다.17)

이 시기 포스트모더니즘 전 분야에서 정식화되었으며, 모더니즘과 대중문화가 고급예술, 고상한 취미, 고전주의 모더니즘 등의 견고한 개념을 비판하면서 공격하였다.

포스트모더니즘 작품이 다양하게 형성되었던 1970년대의 중요한 흐름은 팝 아트의 영향 아래 클로스(Chuk Close), 이스티스(Richard Estes) 등으로 대표되는 하이퍼리얼리즘(극사실주의)18)과 허크니(David Hackney), 카이태즈(Ron Kitaj) 등과 같이 전통적인 주제로 되돌아가려는 경향과 양식의 내용에 있어 모더니즘 취향을 함께 가진 포스트모더니즘의 흐름 등이 있었다. 그외에 1979년의 뉴이미지 페인팅과 배드 페인팅 등이 있으며 모두 다원주의가 1970년대에 일반화되었음을 증명해 주는 것이다. 요컨대, 1970년대의 포스

---

17) Chareles Jencks, *Post-Modernism* (New York Rizzoli , 1987), p. 24.
18) 1960년대 후반 미국에서 일어난 회화와 조각의 새로운 경향

트모더니즘은 절충주의·다원주의를 기반으로 하고, 동시에 신사실주의에 임하게 되었던 것이다.

제4절 1980년대

1980년대의 포스트모더니즘은 고전주의의 재생을 의미하는 부활의 특성을 갖고 특히 건축분야에서 활발히 전개 되었다. 과거에 있어서 고전주의의 부활은 완벽과 조화의 고전적 규범을 의미하는 것 이였고, 완벽한 실체, 완벽한 건축양식은 우주와의 조화를 암시하는 것으로 여겨졌다.

1950년대 말 근대 건축운동의 핵심적 모체였던 C.I.A.M.(Congres Internationaux d'Architecture Moderne)이 붕괴되면서 현대건축의 사조는 다양하게 전개되었다. 젱크스는 현대 건축물의 형태를 이념과 양식으로 분류해 다음과 같이 후기모던과 포스트모던으로 구분해 설명하고 있다. 후기모던 건축의 경우 근대 이후의 건축을 계승 발전시켜 진취적 보수성을 견지하고 있으며 기술, 동선, 효율성 등의 근대적 가치들과 실용적인 면을 최우선으로 생각해 발전시킴으로써 새로운 하이테크 미학을 창조했다. 즉, 건축물에 순수성, 정직성, 실용성을 부여함으로써, 작가자신이 건축물에 대한 절대적인 입장에 서려는 조형태도이다. 백색운동 계열의 작품인 라이트(Frank Lloyd Wright)가 설계한 솔로몬 구겐하임 미술관(Gugenheim Museum)[19]이나, 《펜조일 플

---

19) Laurie Schneider Adams, *A History of Western Art* (New York : McGraw Hill., 1997), p. 521.

[그림 6-6] 라이트, 솔로몬 구겐하임 미술관

레이스》(Penzoil Place)와 같은 작품이 이에 해당된다.

한편 포스트모던건축은 근대건축이 간과해온 형태의 이론적 측면과 지역문화와의 연속성 등을 해결하기 위해 도시문맥과 사용자들의 가치, 장식과 같은 항속적인 건축표현을 수단으로 역사와 전통을 참조해 새로운 방향을 모색했다. 이는 다의적(多義的)이고 다원적인 점에서 앞서의 흐름을 탈피하려는 도전적이면서도 극히 인간적인 탈근대적(脫近代的)경향을 보였다. 젱크스는 "건축을 언어로 간주하고 그 의사전달의 정도를 높이기 위해 엘리트 코드와 대중 코드를 모두 사용해 건물을 이중 코드화 하려는 건축"이라고 포스트모던 건축을 정의하고 있다. 즉 모든 문제를 사용자를 중심으로 그 개성에 기초해 다원성을 실현시키려는 뜻에서 작품에 임

[그림 6-7] 존스, 펜조일 플레이스, 1976

하고 있다는 것이다.

이시기의 대표적인 작품으로는 골드버그(Paul Goldberger)가 최초의 포스트모더니즘적 기물이라고 칭한 건축물인 존슨(Philip Johnson)이 설계한 뉴욕 맨하탄에 위치하고 있는 《AT&T 건물》, 포스트모던 건축의 대표 건축물 중의 하나인 스털링(James Stirling)과 윌포드(Michael Wilford)가 설계한 독일 스투트가르트 박물관인 《뉴스타츠 갤러리》(Neue Staatsgalerie), 그리고 그래이브스(Mychael Graves)가 디자인한 미국 오레곤주 포틀랜드시에 있는 《퍼

[그림 6-8] 존슨, AT&T 건물, 1984

블릭 서비스 건물》(Portland Public Service Building)이다.
 존슨의 《AT&T 건물》은 존슨에 의해 1978년부터 1984년 사이에 걸쳐 세워진 건물로서 포스트모더니즘 시대의 도래를 알리고 있는 대표적인 건물이다. 1980년대에는 경박성과 천박성의 실현이라고 할 정도로 건축가들이 고전적인 부재와 밝은 색조를 채택해 이들을 심각한 비즈니스가 벌어지는 곳이라고 할 수 있는 건물들에 재치 있게 적용하였다. 《AT&T 건물》이 처음 선보였을때 비평가들 사이에서 뿐 아니라 일간지에서도 많은 물의를 일으켰었다. 첫 번째 이유는 파지 교회를 기초로 만들어진 현관이 높은 제단보다는 《AT&T 건물》를 상징하는 여신상에 촛점이 맞추어져 있기 때문이다. 둘째로, 분홍빛 화강석 아플리케 장식이 단지 얇

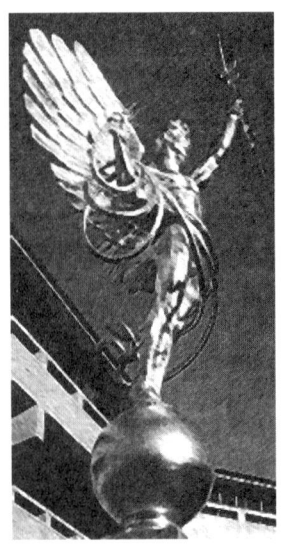

[그림 6-9] AT&T 건물의 여신상

은 커튼벽 판재이기에, 그리고 기본적으로 실질적인 구조는 고전적인 형식에서 따온 대각선 브레이스로 이루어졌기 때문이며 다분히 맨하탄의 하늘에 위엄있는 부가물이고 마천루 이미지로의 긍정적인 변화였다.
여기서 상징과 구조적 현실 사이에는 어떤 연관성이 있음이 입증되었다.

《AT&T 건물》은 통상적으로 평평한 지붕이 있는 사각형 박스 대신에 고대의 페디먼트를 소생시켰으며 이것은 알베르티(Leon Battista Alberti)가 1458년에 설계한 교회(Chiesa di Santa Maria Novella)의 정면과 흡사하다. 또한 별반 특징이 없는 벽돌과 유리 마천루의 꼭대기에 만들어져 있는 거대한 쪼개진 박공벽의 모습으로 인해, 빌딩의 규모에 대해 착각을 일으키게 하고 있으며, 이 빌딩을 보는 사람의 기대감을 뒤집어 업고 있다. 마치 굉장히 큰 유리문을 갖춘 책장

[그림 6-10] 알베르티, 산타 마리아 노벨라 교회, 1458.

같은 느낌을 주고 있다. 또한 록펠러 빌딩, 바우하우스 건물에서 느껴지는 엄정하고 가까이 할 수 없을 것 같은 경외감은 사라지고 과거의 양식이 재현되고 장식과 꾸밈이 다시 수용된다.

스털링과 윌포드가 여러스타일을 출한해서 만든 《뉴스타츠 갤러리》는 수준 높은 포스트모던 건축으로 80년대의 빌딩 중 가장 대표적인 빌딩이다. 이 작품에서는 다양한 조형

[그림 6-11] 스털링과 웰포드, 뉴스타츠 갤러리,

요소가 통합되어 있다. 가로변의 경사지에 위치한 대지의 특성, 구 건물과의 관계 등 도시적 맥락이 훌륭하게 반영되어 있으며, 도시의 일부로서 디자인된 보행자 통로는 이 미술관의 중심을 뚫고 지나간다. 이 빌딩에서 나타난 높은 수준의

품질과 마감에 있어서 세부적인 면을 통해 스털링의 고전 정신을 엿볼 수 있다. 《뉴스타츠 갤러리》는 20세기 후반 건축의 발전에 있어서 미술관과 박물관의 중요성을 보여주는 초기적 모델이라고 할 수 있다.

포스트모더니즘의 거장 중의 한사람인 그레이브스가 1980년 미국 오래곤의 포틀랜드에 세운 《포틀랜드 공공서비스빌딩》은 포스트모더니즘이 무엇인지를 보여주는 대표적 빌딩이다. 이것은 정육면체에 가까운 15층 건물로 생일 케잌의 포장지와 같이 리본과 촛대로 외관을 장식했으며, 그레이

[그림 6-12] 그레이브스,
공공서비스빌딩, 1980

브스의 작품에서 나타나는 파스텔적인 색감과 지나치게 큰 홍석(虹石, keystone)은 포스트모던 스타일에서 가장 많이 등장하고 있다. 이 빌딩은 16세시 프랑스의 건축가 르두(Claude Nicolas Ledoux)의 모티브와 특징을 변조해 만든 빌딩이다.

오늘의 포스트모더니즘과 고전주의는 하나의 우주적 상징주의에 대한 공유된 형이상학이나 확신 없이 이상주의와 공동질서를 현저하게 부활시키고 있다. 이는 부활주의 또는 전통주의의 보수적인 형태를 취할 수 있는 포스트모던 주의자의 예술과 문화는 결국 역사로 돌아간다는 것이다.[20]

1960년대와 1970년대의 포스트모더니즘의 중요한 목적은 절충주의의 전략을 채택해 다양성을 표출하는 것 이지만 80년대의 포스트모더니즘의 중요한 목적은 다양성을 제시하기보다는 대중적인 언어를 사용해 고전주의로 돌아가는 것이었다.

1980년대의 포스트모더니즘은 미술분야에서 신표현주의[21]의 등장으로 발전했다. 신표현주의는 모더니즘과 개념미술에 대한 반발로 나타난 것으로 모더니즘을 포스트모더니즘으로 대체하는 세대교체적 미술의 흐름이다.[22]

---

[20] Steven Connov, "Modernism and Postmodernism, "in David E, Cooper (ed.), *A Companion to Aesthetics* (Oxford : Blackwell, 1992), p. 291.

[21] 독일어로는 "거친 신세대"(Neue Wilden)이라 표현하기도 하고 영어로는 "신회화"(new painting)이라 표시되기도 하나 가장 일반적으로는 "neo-expressionism"이라는 용어가 사용되고 있다.

[22] H, H, Arnasun, Marls F. Prather and Daniel Wheeler, *A History of Medern Art*, 4th ed. (London : Thames and Modson, 1998), pp. 699-711 ; Paul Vogt, "Expressionism," in Jane Turner (ed.), *The*

신표현주의는 20세기 초 표현주의에 뿌리를 두고 있다. 따라서 신표현주의의 기본 정신은 기존의 표현주의와 동일하다고 할수 있다.23) 사물의 외면을 피상적으로 묘사하는 것이 아니라 인간의 내면적 감정을 자유롭게 표현하는데 역점을 두고 있으며 이러한 경향의 작가들은 대개 거대한 캔버스에 인간의 성에 대한 욕구, 삶의 회의, 억압된 자아의식, 외설적 이미지, 무의식적 동경 등 인간의 내면적인 기본 감성과 연계된 모든 상징적 내용을 강열한 색채와 격렬한 필치로 묘사했다.

　　신표현주의는 1981년에 런던에서 개최된 "회화에서의 새로운 정신"전, 1991년에 쾨른에서 개최된 "서구미술"전, 1981년에 파리에서 개최된 "슈나벨"전, 1981년에 1982년에 로마에서 개최된 "아방가드로"전, 1983년에 뉴욕에서 개최된 "미니얼 아트에서 표현주의에로"전 등을 통해 활발히 전개되게 되었다. 이들 전시회에 관련했던 작가로 미국의 슈나벨(Julian Schnabel), 셀(David Salle), 그리고 보로프스키(Jonathan Borofsky) 등을 들 수 있고, 독일의 케이퍼(Anselm Kiefer), 펜크(A. R. Penck), 바셀리쯔(Georg Baselitz), 그리고 포크(Sigmar Polke) 등을 둘 수 있으며, 이탈리아의 클라멘테(Francesco Clemente)와 팔디노(Mimmo Paldino) 등을 들 수 있다.

　　요컨데, 80년대의 포스트모더니즘은 건축분야에서는 특히 복고주의의 특성을 갖고 전개되었으며, 미술분야에서는 특히

　　Dictionary of Art, Vol. 10 (New York : Macmillan, 1996), p. 697.

23) Klasu Honnet and Hugh Beyer, *Contemporary Art* (Koln : Gendikt Taschen Verlage, 1990), pp. 87-88.

신표현주의의 특성을 갖고 전개되었다.

제5절 1990년대

1990년대의 포스트모더니즘은 TV·라디오·신문 등의 대중매체와 컴퓨터 디지털 기술의 발전에 따른 인터넷의 보급에 의해 지대한 영향을 받았다. 이시기의 포스트모더니즘은 고도로 발달된 매체기술과 과학적·기술적으로 수행된 걸프전쟁에 의해 많은 영향을 받았다.

즉, 1990년대의 포스트모더니즘은 대중매체, 매체기술, 그리고 걸프전쟁으로 특징지어 진다고 할 수 있다.[24]

이라크의 쿠웨이트 침탈로 야기되어 1991년 1월 17일 발발된 걸프전쟁은 TV·라디오·신문 등을 통해 일반인들에게 즉각적으로 상세하게 보도 되었다. 이에 따라 많은 이미지와 정보가 정부의 검열, 선별, 편집 절차에도 불구하고 매체 자체에 의해 대중에게 각색 없이 전달되었다.

이와 같은 정보수집의 능력이 주어짐에도 불구하고 전쟁에 관한 예술적인 측면을 뉴스보도는 다루지 못했으며 예술가들은 그들이 전쟁에 관한 예술 작품을 어떻게 표출해야 할 것인가의 문제를 제기했다.

예술가는 정보를 소화하고 정보에 대한 반응에 좀 더 많은 시간과 더 많은 자유를 갖고 있기 때문에 예술은 더욱

---

24) John A. Walker, *Art in the Age of Mass Media* (Boulder : Westview, 1994), p. 162.

복잡하고 진실일 수 있다. 뉴스를 맡고 있는 앵커나 기자 그리고 사진작가와는 달리 예술가는 객관적이고 균형적일 수 없다. 예술가들은 그들이 원한다면 그들의 작품 속에서 개인적인 반응과 비평적인 평가를 할 수 있다. 예술가는 사진기자나 촬영자 보다 상상력이 풍부하고 불멸의 회화나 조각을 창출할 능력을 가질 수 있는 것이다.

1991년 영국의 화가 칸(John Keane)은 황실 전쟁 기념관으로부터 걸프전쟁을 커버하는 그림을 그리라는 위촉을 받았다. 그는 《정면에 있는 미키마우스》(Mickey Mouse at the Front)라는 그림을 완성했다.25) 걸프전쟁을 주재로 한 이 그림의 내용은 한때 이라크 군대가 격퇴당한 쿠웨이트의 시 근처의 황폐된 해안에 미키마우스가 앉아 있는 것을 그린 것이다. 그리고 이 그림의 소제는 인쇄물과 사진을 사용한 것으로, 인쇄물을 바탕으로 하고 한 회화의 영상을 비디오 촬영한 사진을 배경으로 둘러 쌓인 그림으로 황폐된 해안에 미키마우스가 앉아 있는 것을 영상으로 하고 있다. 이 그림은 대중매체에 의해 널리 보급되었고 대중은 이에 관해 많은 의문을 제기하고 논쟁을 벌였다.

이 《정면에 있는 미키마우스》 는 회화와 사진을 조합한 것이다. 그리고 해안의 육지와 바다를 포괄해서, 동물과 식물을 수용한 것으로 황폐와 평화를 종합한 것이란 점에서 포스트모더니즘 특성의 하나인 "절충성"26)을 강하게 나타내

---

25) *Ibid.*

26) Richard Shusterman, "Text," in David E. Copper (ed.), *A Companion to Aesthetics* (Oxford : Blackwell, 1992), pp. 418. 420 ; David Carrier, "Conservation and Restordtion, in David E. Copper (ed.), *A Companion to Aesthetics* (Oxford : Blackwell, 1992), p. 85; Stefan

[그림 6-13] 칸, 정면에 있는 미키마우스, 1991

Muthesius, "Eclecticism," in Jane Turner (ed.), *The Dictionary of Art,* Vol. 9 (New York : Macmillan, 1996), pp. 703-704.

고 있다. 또한 대중매체인 인쇄물과 비디오 사진을 배경으로 사용하고, 대중적 친밀감을 주는 미키마우스를 등장시킨 것도 포스트모더니즘의 또 하나의 특성인 "대중성"27)을 표시하고 있다. 이 그림의 내용은 전쟁을 반대하는 것도 아니고 전쟁을 찬성하는 것도 아니라는 점에서 포스트모더니즘의 또 다른 특성인 상대주의를 내용으로 하는 "주체의 해체성"28)을 표현하고 있다.

1990년대를 대표하는 또 하나의 작품으로 팝아트의 대표 작가인 해밀톤의 《전쟁개임 1991-2》(War Games 1991-2)를 들 수 있다. 이 작품의 내용은 TV 모니터, 스피커, 비디오 레코더, 비디오 테이프, 카세트, 카세트 테이프, "전투의 어머니"라는 헤드라인을 담은 신문, 시물레이션 스튜디오로 구성되어 있다. TV 모니터에는 전투기가 항공 촬영을 한 듯한 쿠웨이트와 이라크의 해안을 닮고 시물레이션 모형이 있다. 이 그림의 주제는 전쟁이며, 그림의 소재는 사진으로서 해밀톤은 뉴스 프로그램에서 비디오를 이용해 촬영하고 신문 기사를 이용했다. 또한 사진은 컴퓨터로 확대해 캠퍼스에 옮긴 것이다.

이 《전쟁개임 1991-2》는 TV 모니터의 화면 속에서 육

---

27) Shusterman, *op. cit., supra* n..3, p. 336 ; Michael Wood, Brace Cole and Adelheid Gealt, Art of the Western World (New York : Summit Books. 1989), p. 313.

28) John Johnston, "Ideology, Represent, Action, Schizophrenia : Toward a Theory of the Postmodern Subject," in Gary Shapiro (ed.), *After the Future Postmodern Times and Places* (New York : State University of New York Press, 1990). pp. 68-69, 78-79 ; John McGowan, *Postmodernism and Its Crirics* (Ithoma, NY : Cornell University Press, 1991), pp. 117-18, 156.

[그림 6-14] 해밀톤, 전쟁개임 1991-2

지와 바다를 그리고 산과 해수를 포함하고 있고, 선반 안에 있는 "전투의 어머니"라는 헤드라인의 신문에서 평화를 상징하는 어머니와 고통을 상징하는 전투로 조합되어 있다는 점에서 포스트모더니즘의 특성의 하나인 "절충성"을 나타내고 있다. TV 모니터 속의 미국·영국·프랑스의 국기로 다국적군을 표시하고 있는 것은 포스트모더니즘의 또 하나의 특성 《전쟁개임 1991-2》29)를 나타내고 있다. 그리고 대중 매체인 TV 세트·비디오 세트·카세트 세트 등은 포스트

---

29) Charles Jencks, *The Language of PostModern Arthitecture*, 4th ed. (New York : Rizzoli, 1984), p. 6 ; Chardes Jencks, *Post-Modernism* (New York : Rizzoli, 1987), p. 18 ; Steven Conner, *Postmodernist Culuture* (Oxford : Blackwell, 1989), p. 88.

모더니즘의 또 다른 특성인 "대중성"을 나타내고 있다. 그리고 이 그림에서 작가가 요구하는 특징적 주장은 찾아 볼 수 없다는 점에서 포스트모더니즘의 또 다른 특성인 "주체의 해체성"을 읽을 수 있다.

특히 1990년대의 포스트모더니즘은 걸프전쟁을 반전적인 것으로 표시하지 않았다.[30]

키디(Jeffery Keedy)의 포스터 《FUSE》는 키디가 1992년에 디자인한 제목의 포스터이다. 서체는 전통적인 중세 시대의 것을 연상시키며, 글자를 세로로 쓴다든지 행간을 서로 달리하여 겹쳐 쓴다든지 자간 사이를 장식적인 선이나 아이콘을 사용한다든지 하는 새로운 시도로 장식적인 요소를 더하였다. 또한 서체를 배경으로 사용하여 이전의 시대에서는 찾아보기 힘든 특성 또한 보이고 있다. 이러한 옛 양식의 모방성과 다양한 양식적 특성, 그리고 장식적인 요소가 포스트모더니즘의 특성과 일치하는 것을 볼수 있다.

[그림 6-15] 키디, FUSE, 1992.

---

30) Walker, *op. cit., supra* n. 29, p. 163.

또한 마부리(Micheal Mabry)가 디자인한 《한색 두색》 (ONE COLOR TWO COLOR)는 마부리가 1992년 디자인한 포스트모더니즘 작품이다. 주 흰색과 검정색, 그리고 빨간색의 사용과 기하학적 선과 구조, 그리고 산세리프체의 사용이 모더니즘기의 바우하우스 작품을 연상시킨다. 그러나 사람 얼굴과 손 모양을 장식적으로 익살스럽게 표현한 점이나 원과 선을 이용한 점, 그리고 배경색 또한 단순한 흰색이 아닌 그라데이션을 넣어 더욱 다채롭게 표현한 점이 모더니즘과는 다른 면모를 보인다고 할 수 있다. 이 작품의 제목에 맞춰 ONE COLOR 부분에는 한가지 색을 사용하였고, TWO COLOR 부분에는 두 가지 색을 사용하였으며, 숫자를 이용하여 그 의미를 쉽게 이해할 수 있게 디자인 하였다. 서체는 같은 산세리프체라도 다양한 크기와 형태로 재미있는 변화를 주었으며, 글자 뒤의 다양한 배경색이 강조와 다양성을 주고 있다.

따라서 포스트모더니즘의 본질의 규명은 난제로 되어 있으며, 또한 포스트모더니즘

[그림 6-16] 마부리, 한색 두색, 1992

이 모더니즘의 대안이 되느냐도 극본적인 해결을 보지 못하고 있다. 이러한 결과를 포스트모더니즘에 관해 다음과 같은 두 가지의 비판이 제기되게 된다.

첫째로, 포스트모더니즘은 쾌락적인 소비문화의 주도자이다 라는 비판이다. 포스트모더니즘은 자본주의의 양상인 향락적인 소비문화를 형성하고 있다. 고로 발달된 산업사회의 구조 속에서 형성되는 자본주의적 소비문화에 저항하고 이로부터 이탈하려는 의도로 출발한 포스트모더니즘이 오히려 이들과 야합해 자본주의적 소비문화를 촉진·조장하고 있다는 비판인 것이다. 포스트모더니즘이 대중문화를 형성해 종래의 문화와 예술을 쾌락화·저속화·유희화 시켜 나가고 있는 점은 비판의 대상이 되지 않을 수 없다.

둘째로, 포스트모더니즘은 창조성을 둔화 시키고 있다는 비판이다. 포스트모더니즘은 절충주의·다원주의에 입각해 과거의 양식을 재현해 창조성을 둔화 시키고 있음을 부인할 수 없다. 포스트모더니즘은 과거의 양식을 차용해 작가의 독창성에 회의를 갖고 있으므로 결국 문화와 예술의 영역에서 작가의 독창성이 부인되게 된다. 결국 포스트모더니즘의 허무주의 적이고 냉소주의적인 태도에 의해 인간의 정신적 가치와 창조성은 부정되고 만다는 점이 포스트모더니즘에 대한 비판이 되고 있다.

포스트모더니즘에 대해서 제기되는 상기 두개의 비판을 수용할 때, 포스트모더니즘이 가야할 방향을 제시해 본다면, 첫째로는 작가에게 "쾌락적" 소비문화를 이탈하도록 해야 하는 것이고, 둘째로는 작가의 창조성을 인정해야 하는 것이다.

포스트모더니즘은 예술과 문화분야 뿐만 아니라 자연과학과 사회과학분야에 있어서까지 1960년대 이후 오늘의 시대를 지배하는 양식과 사고의 사조로 인정되어 있다. 그러나 포스트모더니즘의 본질은 특히 모더니즘과의 관계에서 정설이 정립되어 있지 못하고 논쟁과 혼란을 거듭하고 있다.

제6절 결언

포스트모더니즘은 1960년대 이후 예술과 문화분야 뿐만 아니라 자연과학과 사회과학분야에 있어서까지 1960년대 이후 오늘의 세대를 지배하는 양식과 사고의 사조로 인정되어 있다. 그러나 포스트모더니즘의 본질은 특히 모더니즘과의 관계에서 정설이 정립되어 있지 못하고 논쟁과 혼란을 거듭하고 있다.

포스트모더니즘을 모더니즘의 연속, 단절, 절충으로 보느냐에 관한 견해의 대립은 그 중 어떤 하나로의 귀일을 보지 못하고 대립되어 있으며, 그들 주장마다 제각기 합리적이고 타당한 논리적 근거를 제시하고 있다. 따라서 포스트모더니즘의 본질의 규명은 난제로 되어 있으며, 또한 포스트모더니즘이 모더니즘의 대안이 되느냐도 극본적인 해결을 보지 못하고 있다. 이러한 결과를 포스트모더니즘에 관해 다음과 같은 두 가지의 비판이 제기되게 된다.

첫째로, 포스트모더니즘은 쾌락적인 소비문화의 주도자이다. 라는 비판이다. 포스트모더니즘은 자본주의의 양상인 향락적인 소비문화를 형성하고 있다. 고로 발달된 산업사회의 구조 속에서 형성되는 자본주의적 소비문화에 저항하고 이로부터 이탈하려는 의도로 출발한 포스트모더니즘이 오히려 이들과 야합하여 자본주의적 소비문화를 촉진·조장하고 있다는 비판인 것이다. 포스트모더니즘이 대중문화를 형성하여 종래의 문화와 예술을 쾌락화·저속화·유희화 시켜 나가고 있는 점은 비판의 대상이 되지 않을 수 없다.

둘째로, 포스트모더니즘은 창조성을 둔화 시키고 있다는 비판이다. 포스트모더니즘은 절충주의·다원주의에 입각하여 과거의 양식을 재현하여 창조성을 둔화 시키고 있음을 부인할 수 없다. 포스트모더니즘은 과거의 양식을 차용하여 작가의 독창성에 회의를 갖고 있으므로 결국 문화와 예술의 영역에서 작가의 독창성이 부인되게 된다. 결국 포스트모더니즘의 허무주의 적이고 냉소주의적인 태도에 의해 인간의 정신적 가치와 창조성은 부정되고 만다는 점이 포스트모더니즘에 대한 비판이 되고 있다.

포스트모더니즘에 대해서 제기되는 상기 두개의 비판을 수용할 때, 포스트모더니즘이 가야할 방향을 제시해 본다면, 첫째로는 작가에게 "쾌락적" 소비문화를 이탈하도록 하여야 하는 것이고, 둘째로는 작가의 창조성을 인정해야 하는 것이다.

제1장

결론

제1절 포스트모더니즘에 대한 평가

이상의 포스트모더니즘에 대한 고찰을 기초로 하여 포스트모더니즘에 대해 평가해 보기로 한다. 포스트모더니즘은 1960년대 이래 진행되고 있으며 이에 관한 논의도 완결된 것이 아니라 계속되고 있으므로 포스트모더니즘에 대한 평가를 하는 일은 성급한 속단이 될 수 있다.

그러나 1960년대 이후 포스트모더니즘이 오늘의 예술·문화 분야 뿐만 아니라 사회·경제 분야와 자연과학 분야에서까지 오늘의 세대를 지배하고 있는 양식과 사고의 사조로 인정되어 있으며, 이는 현대 자본주의 사회의 사회적·경제적 변화에 수반되어 대두될 수 밖에 없는 필연적인 시대적

산물로 보는 것이 일반적인 견해이다.

비록 포스트모더니즘은 모더니즘의 단절과 연속의 한계를 명확한 선으로 구획하지 못하면서도 단절과 연속은 변화의 행보를 밟으면서 (i) 자본주의 문명의 사회적·경제적 현실을 대중 중심으로 반영하고, (ii) 모더니즘에서 누락되고 간과되었던 부분을 보완하고, (iii) 민주주의적 세계관인 상대주의에 입각하여 모더니즘의 제국주의적 과오와 왜곡을 비판하여 새로운 가능성을 추진하고, 그리고 (iv) 모더니즘의 폐쇄적 형식으로부터 벗어나 열려진 미래를 준비하고 열려진 공간을 설계하여 새로운 미와 가치를 창출해 나가고 있다.

그러나 포스트모더니즘은 모더니즘의 "연속"·"단절"·"절충" 중 어느 것으로 볼 것이냐에 관해 어떠한 결론도 내리지 못하고 대립의 양상을 지속하고 있으며, 따라서 포스트모더니즘의 본질의 규명은 난제로 남겨져 있고, 포스트모더니즘이 모더니즘의 대안이 되느냐의 과제도 해결되지 못하고 있는 상황에 있다. 이러한 상황의 결과로 포스트모더니즘에 대해 다음과 같은 비판이 제기되고 있다.

첫째로, 포스트모더니즘의 특성인 "문화의 대중성"으로부터 오는 비판이다. 포스트모더니즘은 쾌락적인 소비문화의 주도자라는 비판이다. 포스트모더니즘은 후기자본주의의 양산인 쾌락적인 소비문화를 형성하고 고도로 발달된 산업사회의 구조 속에서 형성되는 자본주의적 소비문화에 저항하고 이로부터의 이탈을 시도하여 출발한 것이나, 오히려 포스트모더니즘은 이들과 야합하여 자본주의적 소비문화를 촉진·조장하고 있다는 비판인 것이다. 포스트모더니즘은 자본주의 소비문화에 저항하려 시도된 것이나 오히려 대중문화를 형성하여 종래의 문화와 예술을 저속화·쾌락화·유희화해 나가고 있는 점은 비판의 대상이 되지 않을 수 없는 것이다.

둘째로, 포스트모더니즘의 특성인 "내용의 절충성"으로부터 오는 비판이다. 포스트모더니즘은 창조성을 둔화시키고 있다는 비판이 있다. 포스트모더니즘은 절충주의에 입각하고 있으며, 따라서 새로운 양식을 창조하기에는 창작이념이나 정체성이 부족하여 과거의 다른 유파나 다른 작품에서 특정적인 요소 또는 양식을 차용하여야 한다고 한다. 따라서 절충주의에 의해 고급예술과 저급예술의 경계가 무너지고, 과거 문화와 현재문화의 구분이 깨지게 되어 작가의 독창성에 회의를 갖게 되므로 결국 문화·예술의 영역에서 작가의 독창성은 부인되게 된다. 그러므로 포스트모더니즘의 허무주의적이고 냉소주의적인 태도와 절충주의적인 내용에 의해 인간의 정신적 가치와 창조성은 부정되고 만다는 점이 포스트모더니즘의 비판의 대상이 되고 있다.

셋째로, 포스트모더니즘의 특성인 "양식의 다원성"으로부터 오는 비판이다. 포스트모더니즘은 새로운 "다국적 제국주의"라는 비판이다. 포스트모더니즘은 모더니즘의 완전한 단절이 아니라 모더니즘의 연속이며, 모더니즘의 제국주의적 성격은 교묘한 형태로 포스트모더니즘에 연속된 다국적 제국주의를 형성하고 있으며, 이는 포스트모더니즘의 양식의 다원성이라는 이름으로 호도된 새로운 제국주의의 한 국면이라는 비판인 것이다. 포스트모더니즘의 사조에 의해 지배된다는 후기자본주의의 시기는 자본주의의 전개과정에서 특별히 새로운 시기가 결코 아니며, 막스가 분석한 "자유방임주의적 자본주의", 레닌이 분석한 "제국주의적 독점자본주의", 그리고 멘델이 분석한 "다국적기업적 후기자본주의" 모두가 자본주의의 운동법칙에 의해 지배되는 각각 다른 국면일 뿐이며 자본주의의 모순은 여전히 그 속에 상존해 있는 것이므로 "다국적기업적 후기자본주의"를 지배하는 포스트모더니즘은 자본주의의 모순을 그대로 안고 있다는 것이다.

넷째로, 포스트모더니즘의 특성인 "자아의 해체성"으로부터 오는 비판이다. 포스트모더니즘은 자아의 해체에 따라 민족의 정체성이 부인되므로 어떤 민족의 예술 문화에도 타당할 수 있다는 국제주의에 대해 이를 무비판적으로 수용할 수 없다는 민족주의적 입장에서 오는 비판이 있다.

포스트모더니즘은 서구의 예술·문화의 사조이며, 국제주의적 예술·문화의 사조이므로 이는 동양의 풍토 또는 민족의 감각에 그대로 수용될 수 없다는 비판이다. 포스트모더니즘은 서구의 예술·문화인 모더니즘의 연속이며, 이에 주로 영어를 중심으로 한 예술·문화를 결합한 국제주의적 예술·문화인 것이므로, 포스트모더니즘은 전통문화인 민족문화와 조화될 수 없다는 비판이 가능한 것이다.

제2절 포스트모더니즘에 대한 대안

상술한 포스트모더니즘에 대해 제기되는 비판점을 일부 용인하기로 할 때 이에 대한 대안의 제시가 요구된다. 요구되는 대안은 포스트모더니즘이 가야할 기본적인 방향을 제시해 보는 것이 된다. 상술한 포스트모더니즘의 비판점별로 다음과 같은 포스트모더니즘의 기본적인 지향 방안을 제시해 볼 수 있다.

첫째로, 포스트모더니즘은 쾌락적인 대량소비문화의 주도자라는 비판에 대해서, 포스트모더니즘은 쾌락적인 대량소비문화를 제한하고 이로부터 이탈하여 저축이 미덕이라는 방향으로 수정되어야 할 것이다.

둘째로, 포스트모더니즘은 작가의 창조성을 둔화시킨다는 비판에 대해서, 포스트모더니즘은 작가의 창조성을 인정하고 이를 조장하는 방향을 모색해 나가야 할 것이다.

셋째로, 포스트모더니즘은 새로운 다국적 제국주의라는 비판에 대해서, 포스트모더니즘은 자본주의의 모순을 인정하고 이를 극복하는 방향으로 전개되어야 할 것이다.

넷째로, 포스트모더니즘은 다국적기업적 국제주의에 입각한 제국주의라는 비판에 대해, 포스트모더니즘은 국제주의가 정통적 민족문화와 융합되고 조화될 수 있는 방향으로 수정하여 수용되어야 할 것이다.

상술한 포스트모더니즘의 기본적 방향의 제시에 따라서 이에 대한 구체적인 대안을 제시하기 위해 포스트모더니즘에 대한 학자와 평론가의 심도 있는 이론적 연구와 전문가와 작가의 주도적인 실증적 연구와 작품활동이 요구된다.

참고문헌

I. 국내문헌

1. 저서

강내희,「포스트모더니즘의 쟁점」, 서울: 터, 1991.
_____,「포스트모더니즘론」, 서울: 터, 1998년.
권택영,「포스트모더니즘과 문화」, 서울: 문예출판사, 1991.
김기봉,「포스트모더니즘과 역사학」, 서울: 푸른역사, 1997.
_____,「역사란 무엇인가를 넘어서」, 서울: 푸른역사, 2000.
김수기,「모더니즘 포스트모더니즘 리얼리즘」,
　　　　 서울: 시각과 언어, 1993.
김영한,「서양의 지적 운동 I, II」, 서울: 지식산업사, 1998.
김욱동,「포스트모더니즘과 포스트구조주의」,
　　　　 서울: 현암사, 1991.
_____,「포스트모더니즘의 이론」, 서울: 민음사, 1992.
김혜숙,「포스트모더니즘과 철학」, 서울:
이화여자대학교출판부, 1995.
나병철,「모더니즘과 포스트모더니즘을 넘어서」,
　　　　 서울: 소명, 1993.
박남훈,「광고와 매스미디어」, 서울: 세종, 1999.
박상선,「포스트모던의 예술과 철학」,
　　　　 서울: 흙과 생기, 1999.
송재룡,「포스트모던 시대와 공동체주의」,
　　　　 서울: 철학과현실사, 2001.

신국원, 「포스트모더니즘에 대한 성찰」, 서울:
    한국기독학생회출판부, 1999.
신승환, 「포스트모더니즘에 대한 성찰」, 서울: 살림, 2003.
심상욱, 「포스트모더니즘의 이해」, 전주: 전주대학교 출판사,
    1998.
유근준, 「디자인 역사」, 서울: 청석, 1983.
윤평중, 「푸코와 하버마스를 넘어서」, 서울: 교보문고, 1990.
─────, 「포스트모더니즘의 철학과 포스트마르크스주의」,
    서울: 서광사, 1992.
이현복, 「포스트모던적 조건」, 서울: 서광사, 1992.
이진우, 「포스트모더니즘의 철학적 이해」, 서울: 서광사,
    1993.
장승권, 「컴퓨터와 포스트모더니즘」, 서울:
    한양대학교 출판부, 1992.

2. 논문

강상호, "포스트모더니즘과 마르크스주의 역사학", 김기봉,
    「포스트모더니즘과 역사학」, 서울: 푸른역사, 1997.
강선희, "포스트모더니즘 광고 효과에 관한 연구", 홍익대학교,
    산업미술대학원 석사학위논문, 1998.
곽차섭, "포스트모던 시대의 역사학을 위하여", 김기봉,
    「포스트모더니즘과 역사학」, 서울 : 푸른역사, 1997.
김성기, "포스트모더니즘의 사회이론에 관한 연구",
    서울대학교 석사학위논문, 1993.
김수영, "포스트모더니즘과 중국 역사학", 김기봉,
    「포스트모더니즘과 역사학」, 서울: 푸른역사, 1997.

김양희, "포스트모더니즘 회화의 특성연구", 동아대학교 교육대학원 석사학위논문, 1999.

김욱동, "포스트모더니즘의 위상", 강내희,「포스트모더니즘의 쟁점」서울: 터, 1991.

김택현, "서발턴 여구: 근대성과 식민성을 넘어서",「포스트모더니즘과 역사학」, 김기봉, 서울: 푸른역사, 1997.

김형숙, "포스트모더니즘 미술비평론에 관한 연구", 서울대학교 대학원 석사학위논문, 1992.

김호, "우리에게 포스트모던 역사학이란 무엇인가", 김기봉,「포스트모더니즘과 역사학」, 서울: 푸른역사, 1997.

도정일, "리오따르의 소서사이론 비판", 강내희,「포스트모더니즘의 쟁점」, 서울: 터, 1991.

문신애, "포스트모더니즘 페션에 표현된 패치워크", 서울여자대학교 대학원 박사학위 논문, 2004.

박신의, "포스트모더니즘 논쟁-미술 비평을 중심으로", 강내희,「포스트모더니즘의 쟁점」, 서울: 터, 1991.

박향자, "포스트모더니즘의 대두와 뉴페인팅의 방법적 특성 고찰", 한국교원대학교 대학원 석사학위 논문, 1992.

서규환, 리오따르와 하버마스의 논쟁에 대하여, 강내희,「포스트모더니즘의 쟁점」, 서울: 터, 1991.

서의식, "포스트모던 시대 한국사 인식과 교육의 방향", 김기봉,「포스트 모더니즘과 역사학」, 서울: 푸른역사, 1997.

심광현, "맑시즘과 포스트모더니즘 - 제임슨의포스트모더니즘 논의를 중심으로", 강내희,「포스트모더니즘의쟁점」, 서울: 터, 1991.

양호환, "역사 서술의 주체와 관점 그리고 역사 교과서",
　　　　김기봉, 「포스트모더니즘과 역사학」, 서울:
푸른역사, 1997.
육영수, "포스트모던 시대의 역사와 역사학-쟁점과 전망",
　　　　김기봉,「포스트모더니즘과 역사학」, 서울: 푸른역사,
　　　　1997.
윤상근, "포스트모더니즘의 사회학적 위치", 부산대학교 대학원
　　　　석사학위 논문, 1993.
이영석, "역사학을 위한 변론",「포스트모더니즘과 역사학」,
김기봉, 서울: 푸른역사, 1997.
이영효, "포스트모던 역사 인식과 역사 학습",
　　　　김기봉,「포스트모더니즘과 역사학」, 서울: 푸른역사,
1997.
임상우, "포스트모더니즘과 당혹스런 역사학", 김기봉,
　　　　「포스트모더니즘과 역사학」, 서울: 푸른역사, 1997.
전성주, "포스트모더니즘 미학과 그 예술 현상에 관한 연구",
　　　　대구가톨릭대학교, 석사학위 논문, 2002.
정은수, "포스트모더니즘 건축조형에 관한 연구",
　　　　대구효성가톨릭대학교, 석사학위 논문, 1999.
정정호, "신실용주의와 리처드 로티의 포스트철학 문화론",
　　　　강내희,「포스트모더니즘의 쟁점」, 서울: 터, 1991.
조지형, "포스트모던 시대의 기호학적 역사학-화쟁 기호학을
　　　　쟁점으로", 김기봉,「포스트모더니즘과 역사학」,
　　　　서울: 푸른역사, 1997.
조한욱, "비코와 포스트모더니즘 역사학", 김기봉,
　　　　「포스트모더니즘과 역사학」, 김기봉, 서울:
　　　　푸른역사, 1997.
최호근, "포스트모더니즘과 독일 역사학", 김기봉,
　　　　「포스트모더니즘과 역사학」, 김기봉, 서울:

푸른역사, 1997.
한상진, 김성기, "포스트모더니즘, 이렇게 보아야 한다 -
　　　하나의 논쟁을 위하여", 강내희, 「포스트모더니즘의
　　　쟁점」, 서울: 터, 1991.
황현숙, "포스트모더니즘적 영상 표현에 관한 연구",
　　　이화여자대학교, 석사학위논문, 1999.
허창운, "포스트모더니즘에 대한 제3의 시각",
　　　「세계의 문학」 제59호, 1991, 봄.

II. 국외문헌

1. 저서

Allen, Diogenes, *Christian Belief in a Postmodern World*,
　　　Louisville, KY: John Knox Press, 1989.
Arnason, H. H., Marla F. Prather, and Dariel Weeler, *A
　　　History of Modern Art*, 4th ed., Londen: Thames
　　　and Hudson, 1998.
Bennington, Geoffrey, *Interrupting Derrida*, London:
　　　Koutledge, 2000.
Bell, Daniel., *The Comming of Post-Industrial Society*,
　　　New York: Basic Books, 1973.
　　　─────, *The Cultural Contradiction of Capitalism*,
　　　New York: Basic Books, 1976.
　　　─────, *The Cultural Cond.tions of Capitalism*,
　　　New York: Basic Book, 1978.

Best, Steven and Douglas Kellner, *Postmodern Theory: Critical Interrogations*, New york : The Guilford Press, 1991.

Bhalla, A.S., *Unevelopment in the Third World*, 2nd ed., London : Macmillan, 1992.

Brodie, Bernard, *War and Politics,* New York: Macmillan, 1973.

Butler, Christopher, *After the Wake : An Easay on the Contemporavy Acant-Carde, Ox*ford: Clarendon Press, 1980.

Byars, Mel, *The Design Eneyclopedia,* London: Laurone King, 1994.

Capon, David Smith, *Architectual Theory Volume Two: Principles of Twenfieth - Century Architectwral Theory Arranged by Category,* Now York: John Wiley and sons, 1999.

Conner, Steven, *Postmodernist Culture,* Oxford: Blackwell, 1989.

Cooper, David E. (ed.), *Acompanion to Aesthetics,* Oxford: Blackwell, 1992.

Croix, Horst de la and Richard G. Tansey, *Gordner's Art Through the Age*, 7th ed., San Diego: Harcourt Brace Jovanovich, 1980.

Deleuze, Gilles, and F. Guattari, *Art-Oudipus,* London: The Athlone Press, 1984.

Derrida, Jacques, Alon Bass (trans.), *Position.* Chicago: University of Chicago Press, 1988.

Doy, Gen, *Materializing Art History,* Oxford: Berg, 1998.

Fokkema, Douwe W., *Literary History, Modernism, and Postmodernism,* Amsterdam: John Benjamins,1984.

Foucault, Michel and Colin Gorden (ed.), *Power / Knowledge,* New York: Pantheon, 1980.

Harrison, Charles and Paul Wood(eds.), *Art in Theory, 1900-1990*, Oxford : Blackwell, 1992.

Harvey, David, *The Condition of Postmodernity,* Oxford: Blackwell, 1990.

Honnet, Klasu and Hugh Beyer, *Contemporary Art,* Koln: Gendikt Taschen verlage, 1990.

Horkheimer, M. and T.W. Adorno, *Dialectic of Enlightement* New York: Countinuum, 1990.

Howells, Christina, *Derrida,* Oxford : Blackwell, 1999.

──────, *Derrida: Deconstruction from Phenomenology to Ethics,* Comnridge: Polity Press, 1999.

Hutcheon, Linda, *A Poetics of Postmodernism: History, Thccry, Fiction,* London: Routledge, 1988.

Jamesone, Fredric, *Postmodernist Culture: An Introduction to Theories of the Contemporary,* Oxford: Basil Blackwell, 1989.

Janson, H. W., *History of Art,* 5th ed., New York: Harry N. Abrams, 1995.

Jencks, Charles, in Henry R. Garuin (ed.), *Romanticism, Modernism, Postmdernism,* Lewisberg : Bucknell University Press, 1980.

──────, *The Language of Post-Modern Architecture*, 4th ed., New York: Rizzoli, 1984.

──────, *Post-Modernism : The New Classicism in Art and Architecture,* New York: Rizzoli, 1987.

──────, *The New Moderns: From Late To Neo-Modernism,* New York, Rizzoli, 1990.

Johnson, Paul, *A History of the Modern World, From 1917 to the 1980s,* London: weidfield and Nicolson, 1983.

Jones, Wolter S. and Rosen, Steven J., *The Logic of International Relations*, Boston: Little Brown, 1982.

Kermode, Frank, *Continuities,* New York: Random House, 1968.

Kemp, Martin, *The Oxford History of Western Art,* Oxford: Oxford University Press, 2000.

Laybourne, Kit, *The Animation Book,* New York: Three Rivers Press, 1998.

Lippard, Lucy, Ouotesd, *Art,* London: Thomas and Hudson, 1966.

Longman, *Longman Dictionary of Comtemporary English*, New (ed). London: Longman, 1987.

Lyotard, Jean-Francois, Wlad Godzich (trans.), *Just Gaming*, Minneapolis: University of Minnesota Press, 1985.

McGowan, John, *Postmodernism and Its Critics,* Ithaca: Cornell Univercity Press, 1991.

Mortion, Wayne M., *Idealism and Objectivity,* Stanford: Stanford University Press, 1997.

Myers, Bernard S., *Art and Civilization,* 2nd ed, New York: McGeaw-Hill, 1967.

―――, *Art and Civilization,* New York: MoGraw-Hill, 1987.

Neith, Gene Edward, *Postmodern Times,* Wheaton, IL: Crossway Book, 1994.

Nietzsche, Friedrich, *The Will to Power*, Walter Kaufmann (ed.), Walter Kaufman and R. J. Hollingdale(trans.), New York: Random House, 1967.

Osmanczyk, Edmund Jan, *Encyclopedia of the United Nations*, 2nd ed., New York: Taylor and Francis, 1990.
Pearsall, Judy (ed.), *The New Oxford Dictionary of English*, Oxford: Clarendon Press, 1998.
Perkins, John H., *Geopolitics and the Green Revolution*, Oxford: Oxford University Press, 1997.
Poetoghes, Paolo, *Post Modern*, New York: Rizzoli, 1983.
Reau, Louis, Dictionnaire Polyglotte des Termes D'ART et d'Archeologie, Osnabruck: Zeller Verlag, 1977.
Rosenberg, Bernard, and David White, *Mass Culture*, Glencoe, IL: The Free Press, 1957.
─────, *Times and Places*, State University Plaza, NY: State University of New York, 1990.
Sandler, Irving, *Art of the Postmodern Era*, Boulder: Westview, 1998.
Simpson, J. A. and E. S. C. Weiner, *The Oxford English Dictionary*, and ed., Vol 12, Oxford: Clarendon Press, 1998.
Smart, Barry, *Postmodernity*, New York: Routledge, 1993.
Smith, Bernard, *Modernism's History* (New Haven: Yale University Press, 1998.
Somervell, D.C. (ed.), *A Study of History*, New York: Oxford University Press, 1947.
Strinati, Domini, *An Introduction to Studying Popular Culture* New York: Routledge, 2000.
Taylor, Mark C., *A Postmodern A Theology*, Chicago: The University of Chicago Press, 1984.

Todaro, Michael P., *Ecomomic Development*, 7th ed. (Harlow, England: Addision-Wesley, 2000.
Toynbee, Arnold J., *A Study of History*, Vol. 8, Londen: Oxford University Press, 1954.
──────, *A Study of History*, Vol. 9, Londen: Oxford University Press, 1954.
Veith, Gene Edward, *Postmodern Times,* Wheaton, IL: Crossway Books, 1994.
Walker, John A. *Art in the Age of Mass Media* Boulder: Westview, 1994.

Walter S. and Steven Jones. *The Logic of International Relations*, 4th ed., Beston: Little brown, 1982.
Woodham, Jonathan M., *Twentieth-Century Design: Oxford History of Art,* Oxford: Oxford University Press, 1997.
Wood, Michael, Bruce Cole, and Adelheid Gealt, *Art of the Western World*, New York: Summit Books, 1989.

2. 논문

Alloway, lawrence, "The Art and The Mass Media," in Charles Harrison and Paul Wood (eds.), *Art in Theory, 1900-1990*, Oxford: Blackwell, 1992.
Bernstein, Carol L., "Subjectivity as Critique and the Critique of Subjectivity in Keats's Hyperion," in Gary Shapiro (ed.), *After the Future Postmodern Times and Places,* New York: State University of New York Press, 1990.

Bradbury, Malcolm, "Modernisms and Postmodernisms," in Ihab Hassan and Sally Hassan(eds.), *Innovation/Renovation: New Prespectives on the Humanities,* Madison, Wisconsin: University of Wisconsin Press, 1983.

Burgin, Victor, "The Absence of Presence," in Charles Harrison and Paul Wood (eds.), *Art in Theory, 1900-1990,* Oxford, Blackwell, 1992.

Canter, Paul A., "Waiting for God to and the End of History: Postmodernism as Democratic Aesthellyic," in Arthur M. Melzer, Jerry Weinberger, and M. Richard Zinman (eds.), *Democrary of the Arts,* Ithaca: Cornell University press, 1999.

Carrier, David, "Conservation and Restordtion," in David E. Copper (ed.), *A Companion to Aesthetics,* Oxford: Blackwell, 1992.

──────, "Demonstruction," in Jane Turner(ed.), *The Dictionary of Art,* Vol.8, New York: Maemillan, 1996.

Cascardi, Anthony J., "History, Theory, (Post) Modernity," in Cary Shapiro (ed.), *After the Future Postmodern Timos and places,* Albany, N.Y: State University of New York Press, 1990.

Casey, Edward, "Place, Form, and Identity in Postmodern Architecture and Philosophy," in Gary Shapiro (ed.) *After the Future Postmodern Times and Place,* Albany, NY: State University of New York Press, 1990.

Colombo, Antonio, "International Economic Cooperation," in Mario Baldassarri, Luigi Paganetto and Edmund S. Phelps. (eds.), *International Economic,* Rome: St. Martion's', 1992.

Conner, "Modernism and Postmodernism," in David E, Cooper (ed.), *A Companion to Aesthetics,* Oxford: Blackwell, 1992.

Craven, David, "Conceptual Art," in Jane Rurney (ed.), *The Dictionary of Art,* Vol.7, New York: Macmillan,1996.

Davey, Nichlas, "Relativism ," in David E. Cooper (ed.), *A Companion to Aesthetics,* Oxford: Blackwell, 1992.

Espost, Ceistina Degli, "Postmodernism(s)," in Cristina Degi-Espost(ed.) *Postmodernism in the Cinema,* New York: Berghahn Books, 1998.

Fiedler, Leslie, "Cross the border-close that gap: Postmodernism." in A *Fiedler Reader,* New York: Stein and Day, 1977.

Fiske, J., "Postmodernism and Television," in J. Curran and M. Gurevitch (eds.), *Mass Media and Society,* London: Edward Arnold, 1991.

Foucault, Michel, "What is an Author?" in Charles Harrison and Paul Wood (eds.), *Art in Theory, 1900-1990,* Oxford: Blackwell, 1992.

Fullor, Steve, "Does It Pay To Go Postmodern If Your Neighbors Do Not?" in Gary Shapiro(ed), *After the Future: Postmodern Times and Places,* New York: State University of New York Press, 1990.

Graff, Gerald, "The Myth of the Postmodern Breakthough," in Hunter S. Thompson (ed,), *Literatur Against Itself: Literary Ideas Modern Society*, Chicago: University of Chicago Press, 1979.

Greenberg, Clement, "Avant-Garde and Kitsch," in Charles Harrison and Paul Wood(eds.), *Art in Theory, 1900-1990*, Oxford: Blackwell, 1992.

Halley, Peter, "Nature and Culture," in Chalres Harrison and Paul Wood (eds.), *Art in Theory, 1900-1990*, Oxford: Blackwell, 1990.

Hamilton, Richard, "For the Finrst Art, Try Pop," in Charles Harrison and Paul Wood (eds.), *Art in Theory, 1900-1990*, Oxford: Blackwell, 1992.

Hassan, Ihab, "Postmodernism: A Paracritical Bibliography," *New Literary History*, Vol. 3, No. 1, 1971.

────────, "The Question of Postmodernism," in Henry R. Garuin (ed.), *Romanticism, Modernism, Postmdernism* Lewisberg: Bucknell University Press. 1980.

────────, "Pluralism in Postmodern Prospective," in *Postmodern Turn: Eassays in Postmodern Theory and Culture*, Columbus: Ohio State University Press, 1987.

Howe, Irving, "Mass Society and Postmodern Fiction," *in Decline of the New*, Yew York: Horizon, 1970.

Hume, David, "Of the Standard of Taste(1757)," in J. Stolnitz(ed.), *Asthetics*, London: Macmillan, 1964.

Huyssen, Andreas, "Mapping the Postmodern," in Joseph Natol and Linda Hutcheon (eds.), *A Postmodern*

Reader, Albany: SUNY, 1993.

Jamesone, Fredric, "Postmodernism or the Cultural Logic of Late Capitalcsm," *New Left Review*, No. 146, 1989.

Johnston, John, "Ideology, Represent, ation, Schizophrenia: Toward a Theory of the Postmodern Subject," in Gary Shapiro (ed.), *After the Future Postmodern Times and Places*, New York: State University of New York Press, 1990.

Jones, Aroline A., "Postmodernism," in Janc Turner (ed.), *The Dictionary of Art*, Vol. 25, New York: Macmillan, 1996.

Jomes, Caroline A., "Postmodernism," in Jane Turner (ed), *The Dictionavy of Aet*, Vol. 25, New york: Macmillaa, 1996.

Kim, Chinhong, "Spacemare." Thesis of Degree of Master of Fine Arts (Computer Graphics and Interactive Media), School of Art and Design, Pratt Institute, 2001.

Kramer, Hilton, "Postmodern : Art and culture in the 1980s," *The New Criterion* Vol. 1, 1982.

Macdonald, Dwight, "A Theory of Mass Culture," in B. Rosenberg and D. White (eds.), *Mass Culture: The Popular Arts in America*, Glencoe, IL: Free Press. 1957.

Rowther, Paul, "Postmodernism," in Martin Kemp (ed.) *The Oxford History of Western Art*, Oxford: Oxford Rudolph, Joseph R., "Oil Embago and Energy Crises of 1973 and 1979," Mark S. Coyne and Craig W. Allin(eds.), *Natural Resources*, Vol. 2, Pasadena, California: Salem Press, 1998. University

Press,2000.

Foucault, Michel, "What is an Author?" in Charles Harrison and Paul Wood (eds.), *Art in Theory, 1900-1990,* Oxford: Blackwell, 1992.

Livingstone, Marco, "Pop Art," in Jane Turner, *The Dictionary of Art,* Vol. 25, New York: Macmillan, 1996.

Lyotard, Jean-Francois, "Interview: Jean - Francois Lyotard," Conducted by Georges van Den Abbeele, *Diacritics,* Vol. 14, 1984.

─────, "What is Postmodernism" in Charles Harrison and Paul Wood (eds.) *Art in Theory, 1900-1990,* Oxford: Blackwell, 1992.

Pelton, Charles, and San Rafael, "The Love of Two Desk Lamps," *Time,* September 1, 1986.

Sartwell, Crispin, "Realism," in David E. Cooper (ed.), *A Companion to Aesthetics,* Oxford: Blackwell, 1992.

Schriff, Alan D., "The Becoming- Postmodern of Philosophy," in Gary Shapiro (ed.), *After the Future Postmodern Times and Places,* Albany, NY: State Univervsity of New York Press, 1990.

Swanson, Robert, "Computer," in *Lexicon Universal Encyclopedia,* Vol. 5, New York: Lexicon Publications, 1996.

─────, "Digital Technology," in *Lexicon Universal Encyclopedia,* Vol. 6, New York: Lexicon Publications, 1996.

Vogt, Paul, "Expressionism," in Jane Turner (ed.) *The Dictionary of Art,* Vol. 10, New York: Macmillan , 1996.

살펴보기

ㄱ

갈릴레오 (Galilei Galileo)   120
개념예술 (conceptual art)   143
객체성 (objectivity)   136
계몽의 사조 (The Ethos of the   19
고전주의자 (the classicist)   149
골드버그 (Paul Goldberger)   170
과학과 근대 세계 (Science and the modern World)   120
솔로몬 구겐하임 미술관 (Gugenheim Museum)   168
구상미술 (figurative art)   143
구조주의 (structuralism)   125
국제식량연구소 (International Rice Institute)   60
그래이브스 (Mychael Graves)   170
극사실주의   167
근대 (Modern : 르네상스 전성기와 그 이후)   118
급진적 디자인 (radical design)   58
근원 (origin)   125
기적의 쌀 (varieties of rice)   60
기호 (sign)   125

ㄴ

네오 (neo)   151
네오지오 (neogeo)   149
노먼 (Bruce Norman)   107
녹색혁명(Green Revolution)   55

논리 (Legigue, logic)   124
뉴스타츠 갤러리 (Neue Staatsgalerie)   170
뉴톤 (Issac Newton)   120
니체 (Friedrich Wilhelm Nietzsche)   122, 135

ㄷ

다빈치 (Leonardo da Vinci)   64
다음에 (afterwards)   23
다인 (J. Dine)   96
다원주의 (pluralism)   3
달리 (Cesar-Denisi Daly)   149
대량매체 기술 (mass-media technology)   144
대안적 디자인 (alternative design)   58
대중문화 (*Mass Culture*)   9, 20, 63, 70, 73
대중매체 (mass media)   3, 4, 21, 74, 144
대중사회 (Mass Society)   20, 21
대중성 (popularity)   4, 91, 98, 115, 131, 144, 152, 181, 183, 190
대중예술 (true popular art)   58, 77, 144, 145
대지예술 (earth art)   143
데리다 (Jacques Derrida)   120, 121, 122, 123, 124, 125, 135
데비 (Nicholas Davey)   141
데카르트 (Rene Descartes)   119, 120, 122, 124, 134, 138

뒤샹 (Marcel Dunchamp)
	98, 100, 101, 102, 103, 107
디더루션 (Denis Diderotion)　　149

ㄹ

라스베가스로부터의 교훈
	(Learning From Las Vegas)　165
라쑤스 (Jean-Baptist Lassus)　　148
라우션버그 (Robert Rauschenberg)
	82, 83, 87, 158, 161
라이프니츠
	(Gottfried Wilhelm Leibniz)　64
라이트 (Frank Lloyd Wright)　　168
라캉 (Jacques Lacan)　　36
레닌 (Vladimir Lenin)　　116, 192
레스처 (Nicholas Rescher)　　111
로젠버그 (Bernard Rosenberg) 20, 28
로쳇 (Raoul Rochett)　　149
록펠러재단(Rockefeller Foundation) 59
르두 (Claude Nicolas Ledoux)　　176
르윗 (Sol Lewitt)　　98, 109
리파드 (Lucy Lippard)　　99
리히텐스타인 (Roy Lichtenstein)
	85, 86, 87, 93, 94, 95

ㅁ

마부리 (Micheal Mabry)　　184
막스(Karl Friedrich Marx)
	116, 117, 187
만안 (灣岸)　　57
매체예술 (media art)　　143
맥도날드 (Dwight Macdonald)　　146

맥클한 (Marshall Mcluhan)　　157
머클리 (John W. Mauchly)　　65, 66
먼로 (Marilyn Monroe)　　84, 91
메타랭귀지 (metalanguage)　　148
멘델 (Ernest Mandel)
	116, 117, 191
모더니즘 (modernism)　5, 6, 7, 35,
	41, 100, 109, 115, 117, 118,
	124, 127, 129, 130, 140,
	144, 166, 184, 185
모더니즘들 (modernisms)　　129
모던 (modern)　　26, 45, 48, 95
모리스(Robert Morris)　　143
모호성 (ambiguity)　　39, 114
문화산업 (culture industry)　72, 144
미국의 극사실주의 화가들
	(The Hyperealism Americans)167
미니멀 아트 (minimal art)　　99, 143
미래주의 (futurism)　　10, 95, 142
민속예술 (traditional folk art)　　144

ㅂ

바딘 (John Bardeen)　　67
바셀리쯔 (Georg Baselitz)　　177
반디자인 (anti-design)　　58
반미학 (*The Anti-Aesthetic*)　14, 79
반제 (doit-yourself)　　58
밸드서리 (John Baldessari)　　109
배나 벤츄리 하우스
	(Vanna Venturi Hous)　　164
버튼 (Chris Burden)　　109
베리 (Clifford Berry)　　65

베스트 (Steven Best) 16, 17
베쓰 (Gene Edward Veith) 4, 126, 131
베이어 (Kurt Baier) 111
베이컨 (Francis Bacon) 76
벤츄리 (Robert Ventury) 163, 164
복고주의 (revivalism) 37, 38, 177
베트남전쟁 (Vietnam War) 55, 56, 110, 162
병리학적조건(pathological condition)27
보로프스키 (Jonathan Borofsky) 177
보편적 역사철학 (Universalistic Philosophy of History) 19
부리콜라주 (bricolage) 148
부전 (unjust war) 55
부르조아지적 2중주의 (bourgeois dualism) 56
부활주의자(French Gothic Revivalist) 150
브래튼 (Walter Houser Brattain) 67
브레드버리 (Malcolm Bradbury) 127
브릭스 (B. Bruce Briggs) 111
비구상미술 (non-figurative art) 143
비교적 최근 기간 (comparatively recent period) 26
비디오 아트 (video art) 146
빌더 (The Builder) 150

ㅅ

사상적 운동 (ideological movement)27
상대주의 (relativism) 56, 141, 181, 190
상징주의 (symbolism) 41, 142, 176

4운동 화랑 (The Galerie des 4 Movements) 167
셀 (David Salle) 177
쇼클레이 (William Bradford Shockley) 67
슈나벨 (Julian Schnabel) 177
스페인과 라틴아메리카 시선집 (*Antología de la poesía espanol e hispanoamerican*) 17
스털링 (James Stirling) 170, 174
시뮬레이셔니즘 (simulationism) 150
C.I.A.M. 168
신구조주의자 (neo-structuralist) 58
신개념주의 (neo-conceptualism) 151
신기학적 개념주의 (neo-geometric concep- tualism) 151
신사실주의(neo-realism) 166
신표현주의 (neo-expressionism) 150, 161, 176, 177
신체예술 (body art) 143
실제의 형태 (a form of doctrine, theory, or practice) 27
실체 (substance) 135
썸머빌 (D. C. Somervell) 18, 19

ㅇ

아랍석유수출국기구 (OAPEC) 57
아방가르드 (avant-grade) 150, 157, 163, 165
아이러니 (irony) 59
아타나소프 (John V. Atanasoff) 65
아티스코 (artisco) 147
알로웨이 (Lawrence Alloway) 76, 77, 81, 157

알베르티 (Leon Battista Alberti)　173
암흑시대 (The Dark Ages)　19
야수주의 (fauvisme)　142
양식　3, 4, 8, 10, 36-40, 44, 45,
　　　56, 58, 60, 61, 74, 77-85,
　　　99, 116, 126, 129, 139, 140,
　　　147, 163, 165, 185, 189,191
양측비평적문헌 (A Paracritical
　　　Bibliography)　21, 22, 163
에고이즘 (egoism, 이기주의)　123, 135
에커트 (John Presper Eckert)　65, 66
언어성 (language)　39
언어상의 특성
　　　(specificity in language)　27
역사주의 (historicism)　148
오니스 (De Onis)　17, 18, 28, 155
오리지날리티 (originality)　151
오일쇼크 (Oil Sock, Oil Crises)
　　　55, 57, 110
와이너 (Anthony J. Weiner)　111
와토 (Jean-Antoine Watteau)　95
료타르 (Jean-francois Lyotard)
　　　136, 137, 141
올덴버그 (Claes Oldenburg)
　　　85, 95, 96, 97, 98
워커(John Walker)　38, 49, 50
워홀 (Andy Warhol)
　　　84, 85, 89, 90, 91, 92
윈키스 (Maurice Winkes)　66
윌포드 (Michael Wilford)　170, 174
이성적 근거 (reason grounds)　135
이상주의 (idealism)　45, 59, 176
이스티스 (Richard Estes)　167
이중적 부호　35
이즘 (-ism)　22, 27, 29

이피 (yippie)　162
인상주의 (impressionism)　85, 142
인상파 회화(impressionist painting)　16
임시주의 (adhocism)　58
입체주의 (cubism)　142

ㅈ

자아 (Moi, self)　123
자조법(self-aid)　58
작품의 상호 참여성
　　　(mutual participation of work)　39
장식(decoration, ornament)　38
저급 예술(low art)　150
전위적인 (avant-garde)　16
전쟁개임 1991-2
　　　(War Games 1991-2)　181
전형의 해체(deconstruction of text)
　　　148
전체주의 (totalitarianism)　124
절대주의 (suprematisme)　142
절충성 (eclecticity of style)　148
절충주의 (eclecticism)　35
접미사 (suffix)　27
정면에 있는 미키마우스
　　　(Mickey Mouse at the Front)　179
정전 (just war)　55
정신분열증 (schizophrenia)　36
제임슨 (Fredric Jameson)　2, 5, 9,
　　　36, 40, 49, 50, 130, 137
조지시갈 (George Segal)　96
존스 (Alan Jones)　80
존스 (Jasper Johns)　82, 97, 160, 161

존슨 (Philip Johnson) 170
죠이스 (James Joyce) 21
주체의 죽음 (death of subject) 37
주체의 해체
   (deconstruction of subject) 37
주체적 자아의 해체 (deconstruction of subjective self-consciousness) 132
주체적 자아의 철학"(philosophy of subjective self-consciousness) 134
중세시대 (The Middle Ages) 19
중심주의 (logocentrism) 125

ㅊ

차용 (appropriation) 148
채프만 (John Warkins Chapman) 16, 155
초기근대(Early Modern : 르네상스)118
초현실주의 (surrealism) 142
추상표현주의
   (abstract expressionism) 142

ㅋ

카스카드 (Anthony J. Cascard) 134
카안 (Herman Kahn) 111
카이태즈(Ron Kitaj) 167
칸 (John Keane) 179, 180
칸트 (Immanuel Kant) 120, 134
코수스 (Joseph Kosuth) 99, 105, 106, 107
코페르니쿠스 (Nicolas Copernicus) 120
콜라주 (collage) 38

콤바인 페인팅 (combine paintings, 합성미술) 88, 158
케네디 (John F. Kennedy) 56
케르너 (Douglas Kellner) 16
케이퍼 (Anselm Kiefer) 177
케플러 (Johannes, Kepler) 120
쿠신 (Victory Cousin) 149
클라멘테 (Francesco Clemente) 177
크라이머 (Hilton Kramer) 3, 131
클로스 (Chuk Close) 167
키디 (Jeffery Keedy) 183
키타이 (Ronald Brooks Kitaj) 79
킹 (Martin Luther King) 56

ㅌ

탈근대적 (脫近代的) 169
토인비 (Arnold Joseph Toynbee) 15, 18, 28, 118, 155
토플러 (A. Tofler) 111
티에폴로 (Giovanni B. Tiepolo) 95

ㅍ

파스칼 (Blaise Pascal) 64
파올로찌 (Eduardo Paolozzi) 79
팝 아트 (pop art) 143, 146, 167
팔디노 (Mimmo Paldino) 177
퍼블릭 서비스 건물 (Portland Public Service Building) 170
퍼포먼스아트 (Performance Art) 146
페미니스트 아트 (a feminist art) 143

펜조일 플레이스 (Penzoil Place)   168
펜위쯔 (Rudolf Pannwitz)   16, 155
펭크 (A. R. Penck)   177
포리스트 (de Forest, Lee)   64
포스트구조주의(post structuralism) 123
포스트모더니즘들(postmodernisms)
    130
포스트모더니스모 (postmodernismo)
    17, 18, 155
포스트모던 맨 (Postmodern Men)
    17, 20, 155
포스트모던 시대 (*Postmodern Times*)
    4, 15, 19, 122, 131
포스트모던 회화 (postmodern painting)
    16, 17
포스트 시대 (post ages)   15
포크 (Sigmar Polke)   177
표현주의 (expressionism)   77, 79,
    81, 83, 87, 88, 114, 142, 150,
    161, 176
푸코 (Michel Foucault)   121, 136
프루트 아이고 (Pruitt-Igoes)   156
프로세스 아트 (process art)   143
플레밍(Sir John Ambrose Fleming) 64
피네강의 깨어남 (*Finnegans Wake*)   21
핕츠 (Dudley Fitts)   18, 28

ㅎ

하나의 자기 비판적 철학
    (a self-critical philosophy)   59
하베이 (David Harvey)   140
하워 (Irving Howe)   20, 28
하크니 (David Hackney)   79

합리 (Raison, rationality)   124
합리주의 (rationalism)   123
합리주의의 붕괴
    (The Collapse of Rationalism)   19
핫산 (Ihab Hassan)   2, 5, 7, 17,
    18, 21, 28, 40, 41, 44, 49, 50,
    130, 163, 165
해밀턴 (Richard Hamilton)
    76, 78, 79, 80, 81
해체 (deconstruction)   3, 4, 7, 9, 11,
    21, 37, 41, 56, 117, 121, 122,
    123, 124, 130, 132, 134, 192,
    148, 151, 152, 181, 183, 192
해체주의 (deconstructionism)
    123, 124, 126, 133
허크니 (David Hackney)   167
현대 라틴아메리카 시선집
    (*Anthology of Contemporary
    Latin-American Poetry*)   18
현대성의 문제 (problem of modernity)
    134
현대시대 (The Modern Ages)   19, 26
현대철학"(modern philosophy)   134
현재 (current age, current period)   26
현존 (full presence)   125
형식주의 (formalism)   99, 100, 146
혼합모작 (pasthiche)   37
홀저 (Jenny Holzer)   109
홉 (A. J. B. Hope)   150
홍석 (虹石, keystone)   176
후기근대 (Late Modern)   118
후기산업주의 (post-industrialism)
    56, 59
후기자본주의 (Late Copitalism)
    9, 45, 110, 115, 116, 117, 190,
    191, 192
히피 (hippies)   162

포스트모더니즘 원론

김 진 홍 지음

2005년 5월 5일 1판 1쇄 인쇄
2005년 5월 10일 1판 1쇄 발행

펴낸곳 / **책과사람들**
펴낸이 / 이동원
편집인 / 김상인
서울시 성북구 보문7가 100번지 화진빌딩
TEL / 926-0290~2 FAX / 926-0292
홈페이지 / www.booksarang.co.kr
www.booknpeople.com
등록 / 2003.10.1(제307-2003-000091호)

정가 12,000원

ISBN 89-91516-10-6 03600

저자와 협의하에 인지생략합니다.
* 파본이나 잘못된 책은 바꿔 드립니다.